あたらしい Web マーケティング ハンドブック

トリプルメディア戦略を
最適化させるテクニック

カーツメディアワークス
Kartz Media Works

JN246729

日本能率協会マネジメントセンター

はじめに

本書は『あたらしいWebマーケティングハンドブック』と謳っています。「あたらしい」と聞けば、ビッグデータを分析し、自動化された広告配信の世界を思い浮かべるからもしれません。しかし、そこには期待しないでください。本書では、最新のアドテクノロジーの概要は解説していますが、むしろ原点回帰し、メインでお伝えしているのは「マーケティングの考え方」そのものです。

「あたらしいWebマーケティング」の「あたらしい」部分は何かといえば、「トリプルメディア」を網羅的に解説していることです。本書でたびたび登場するトリプルメディアという言葉は、Web上のメディアを「**オウンドメディア（自社が保有するメディア）**」「**アーンドメディア（信頼を獲得するメディア）**」「**ペイドメディア（購入するメディア＝広告）**」に分けた考え方のことで、これらを最適化して顧客を生み出していくことを「**トリプルメディア戦略**」と呼びます。

さらに「あたらしい視点」といえば、トリプルメディアの「アーンドメディア」にフォーカスしている点です。広報・PRやソーシャルメディア、クチコミなど「信頼を獲得する」ためのアーンドメディアはデジタルにかぎらず、リアルな現場でもブランディングに欠かすことができません。

本書では、デジタル上のブランディングおよびマーケティング施策である「コンテンツマーケティング」「デジタルPR」「ソーシャルメディアマーケティング」「ソーシャルメディア広告」を解説していきます。

Webマーケティング担当や広報担当、営業・販促担当はもちろん、経営者の方にもぜひ一読していもらいたいと考え、できるだけ理解しやすい内容となっています。

2016年4月

著者一同

CONTENTS

序 章

これからの
Webマーケティング

■

第1章

オウンドメディア戦略の
基本と実践

■

第2章

オウンドメディア活用の コンテンツマーケティング戦略の 基本と実践

■

第3章

アーンドメディア戦略の基本と実践[PR編]

■

第4章

アーンドメディア戦略の基本と実践
[ソーシャルメディア編]

■

第5章

ペイドメディア戦略の基本と実践

■

これからのWebマーケティング

これからの Webマーケティング戦略

最新テクノロジーの活用と、不変的な本質へのアプローチの両面が必要

Webマーケティングを語るうえで、SEOやリスティング広告、リマーケティングなどのキーワードは避けて通れません。これらはGoogleの「手のひらビジネス」と呼ばれています。Googleが生み出した市場やソリューションを用いて行うビジネスだからです。

しかし、いまの時代、Googleの領域だけでは不十分な世の中になっています。いまや先進国だけでなく、少し前まで発展途上国と言われた国々にもスマートフォンが普及しています。世界中の人々がFacebookやInstagramに自身のページをもったり、LINEやWeChat、WhatsAppなどの無料メッセージ＆通話アプリを使ってコミュニケーションするのが日常になっています。つまり、Googleから外にある世界へと足を踏み出したのです。

さらに言えば、ブランディングを含め、マーケティングはデジタル領域だけでは不十分です。自動車配車サービス「Uber（ウーバー）」や宿泊予約サービス「Airbnb（エアービーアンドビー）」に代表されるユニコーン企業と呼ばれる巨大IT系スタートアップ企業は、スマホだけで完結する新時代のWebビジネスですが、その評判をより多くの人に広げているのは、リアルなクチコミであったり、既存のマスメディアが報じるタイミングであったりします。

結局、**マーケティングの本質は「いかに1人でも多くの欲求を駆り立て、購買させるか」に集約されます**。経済社会の仕組みが変わらないかぎり、この本質はこれから先も変わることはないでしょう。

本書では、最新のWebマーケティングを軸としながら、時代に左右されないマーケティングの本質や不変的要素も取り込むことで、"これからのWebマーケティング"を立体的に解説していきます。

マーケティングの変遷

1960年代	交通広告／新聞広告／ラジオ広告／看板広告
1970年代	マスメディア広告時代の到来 大量生産／大量消費
1980年代	差別化時代／ブランディング 新聞・ラジオ・テレビ媒体の隆盛 パブリックリレーションズの一般化
1990年代	インターネット時代到来 バナー広告、CPC広告の登場 ホームページ時代 デジタルマーケティング時代の到来
2000年代	Google-リスティング広告&SEO 検索連動型広告 ソフトウェアからASPへ
2010年代	クラウドコンピューターの普及 スマートフォン／ソーシャルメディア時代 アドネットワーク・DSP広告など アドテクノロジー時代 アプリ広告／Facebook広告 ビッグデータ解析 O2Oマーケティング デジタルPR コンテンツマーケティング 動画広告 シェアリングエコノミー
2020年代	ディープラーニング／人工知能／AIによる自動化

02 進化するメディアと マーケティングの関係

時代のメディアを制する者こそが、マーケティングを制することができる

　まず、メディアとは何でしょうか。ある情報が何らかの媒体（メディア）を通して視覚や聴覚に入ってくることで脳が欲求を駆り立てられ、商品やサービスを購入するという行動が生まれます。そう考えると、**メディアとは「人々の視覚聴覚を主とした五感を刺激し、脳に情報というコンテンツを届けるもの」**と定義できます。

　私たちが普段接するメディアには、テレビ、ラジオ、新聞、雑誌、Web、スマホの他にも、交通広告、店内POP、セミナー、講演など様々なものがあります。突き詰めれば、「言語」さえも自身の考えを他者に届けるメディアそのものと言えます。

　メディアの歴史は、テクノロジーの進化の歴史と言っても過言ではありません。15世紀の印刷技術から始まり、19世紀の放送技術、20世紀末の通信（インターネット）技術を経て、現在はスマートフォン（スマホ）というデバイスが一般化しました。スマホを通じてのメディア接触頻度が世界共通で上昇しています。

　企業は各時代で最も影響力の大きいメディアを活用してマーケティングを仕掛けてきたわけですが、とりわけWebマーケティングにおいては「**トリプルメディア戦略**」が大きなキーワードになります。

　トリプルメディア戦略とは、**Webマーケティングにおけるそれぞれの機能・役割を3つのメディアに分類して最適化する**という考え方です。2009年5月、米国のクリエイティブ・コンサルティング会社Frog Designのチーフ・マーケティング・オフィサーだったティム・リベリヒト氏がIT系メディアサイト「CNET」にて提唱しました。

　では、トリプルメディアとはどういうメディアなのか、それぞれの機能や特性について、次の項から見ていきましょう。

2020～2035年のWebマーケティングの予測

AI・人工知能によるアドテクノロジーの発達

・ビッグデータ解析が簡単になり、獲得型Webマーケティングはテレビ他、マスメディアの視聴・属性データ×デジタルデータの統合が当たり前になる
・アドテクノロジーを理解できる人とできない人の格差が生まれる
・データサイエンス人材の需要が高まるが供給が追いつかない
・海外マーケティングの垣根が下がり、市場が世界に広がる（決済、言語、物流が変わる）
・インド、中国がさらに成長し、マーケティング技術でも世界をリードする

ソーシャルメディアおよびスマホがメイン

・ソーシャルメディアがデジタルマーケティングにおいて確固たる地位を築く
・動画はスマホベースがメインになり、VR（バーチャル・リアリティ）など360度動画も重要なマーケティングコンテンツとなる
・BtoB企業でもスマホをメインとしたデジタルマーケティングに重きを置くことになる
・メッセンジャーアプリが強力なマーケティングツールとなり、それら無しでは成立しない市場がある

需要喚起・啓蒙活動・空気づくりの重要性が高まる

・アドテクノロジーでは難しい空気づくりや啓蒙の重要性が高まる
・クリエイティブによる差別化が激化する。コンセプトワーク、デザイン、クリエイティブでしか差別化できないことに気がつく
・広告領域では難しい広報／PRやソーシャルメディアによる情報拡散の重要性が増す

多くのWebメディアは淘汰され、テレビもシフトチェンジ

・Webメディア、出版社、新聞社などが淘汰され、M&Aによる統合が進む
・Web&スマホ動画視聴がメインとなり、テレビ局は大きなシフトチェンジを迫られる
・マスメディアのパワーが薄れ、全世代の共通トレンドが生まれにくくなる

テクノロジーによる「行動予測」が発達するが、受け手である人は変化しないためマーケティングの根幹は変わらない。
つまり、「欲求・関心」を喚起し「記憶」され「対価」を支払う価値のあるモノだと判断される企業やサービスだけが生き残る。

03 トリプルメディア戦略を構築する

「オウンドメディア」「アーンドメディア」「ペイドメディア」の3つの相乗効果を考える

トリプルメディアでは、オウンドメディア、アーンドメディア、ペイドメディアという3つのメディアが軸になります。

オウンドメディアとは、自社で所有している（owned）メディアのことです。わかりやすく言えば、企業のホームページがこれに当たります。自社の考えや伝えたいことを思いのままにコントロールして情報発信することができます。

アーンドメディアのアーンド（earned）は「信頼を獲得する」という意味です。つまり、自社の商品・サービスを第三者の立場で評価するメディアを指します。広報（PR）やソーシャルメディア、レビューサイトの書き込みなどがこれに当たります。第三者による評価なので自社ではコントロールができません。

ペイドメディアとは、支払い（paid）して購入するメディアのこと、つまり、広告を指します。対価を支払って購入することで広告主となり、発信する情報をコントロールすることが可能です。

トリプルメディア戦略は、Webマーケティング戦略を構築するうえで情報を整理するためのフレームワークであり、大前提です。

トリプルメディア戦略の目的は、各メディアを連携させ、相乗効果を出していくことです。これができると、商品個別のマーケティングや企業ブランディング領域全体にも、その効果は波及していきます。最大の相乗効果を生み出すためには、最初の方針決めもさることながら、個々のメディアの特性をよく知ることが重要です。

ちなみに、大企業などは宣伝部や広報部、Web担当などで部署が分かれ、横の連携が難しくなりがちですが、トリプルメディアを意識すると、そうした問題も解決しやすくなります。

トリプルメディア戦略の心がまえ

トリプルメディア戦略は、それぞれを最適化し連携させることが最大の目的である。まずは核となる「何を達成させるのか？」を明確にしてから取り組もう。

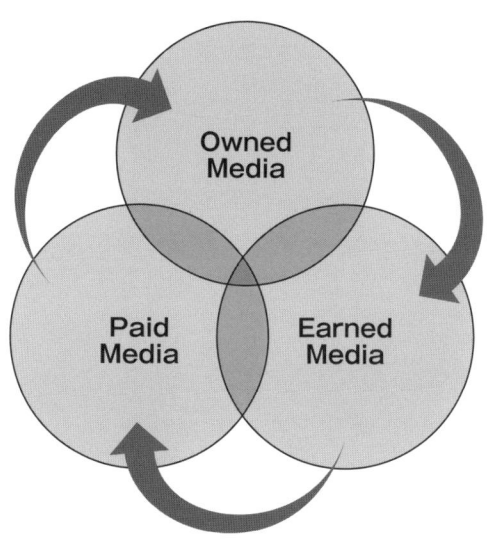

	定義	特徴	具体例
オウンドメディア	自社で保有しコントロールできるメディア	見込客・成約を獲得することを目的とする。 またブランディングにも大きな影響を及ぼす	・ホームページ ・ブログ ・コラム／メルマガ ・ビジュアルコンテンツ（インフォグラフィックス／動画／スライド資料）
アーンドメディア	第三者が保有し、自社ではコントロールできないメディア	商品・サービスブランディング・コーポレートブランディングに結びつく長期的な取り組み	・広報／PR領域 ・ソーシャルメディア（SNS） ・評価／レビュー／ランキング
ペイドメディア	対価を支払って購入するメディア。もちろんコントロールできる	短期的な売上げに結びつけることができる	・純広告 ・リスティング広告 ・バナー広告 ・ネイティブ広告

トリプルメディアの進化系「O-STEP戦略」

トリプルメディアを補完するサードメディアとソーシャルメディアの最適化を図る

　前項では、トリプルメディア戦略がWebマーケティングにおける大前提だと記しましたが、実は、現状のWebマーケティングではトリプルメディアだけではモレがあるのも事実です。そのモレを補完するものとして、サードメディア、ソーシャルメディアがあります。

　サードメディアとは、業界団体や業界全体を啓蒙するメディアのことです。我々筆者グループが便宜上つけた呼称です。オウンドメディアのようにコントロールできますが、ユーザーからは第三者のように見えることが特徴です。

　次にソーシャルメディアですが、ここで言うソーシャルメディアは、「**ソーシャルメディア上のノイズ**」のことです。自社でFacebookページやTwitterアカウントをもち、ここに情報を載せることでクチコミなどの〝ノイズ〟、つまり情報拡散を起こすことができます。アーンドメディアにおけるソーシャルメディアでは、第三者の評価をコントロールすることはできませんでしたが、自社が運営するソーシャルメディアなら、自ら情報をコントロールすることが可能です。

　このように、トリプルメディアに続くメディアも重要な役割を果たします。イメージとしては、これらは右図にあるように、オウンドメディアとアーンドメディアの間に位置します。筆者の会社では、これら5つのメディアの頭文字をとって「O-STEP戦略」と呼んでいます。

　Webマーケティングで果たすべき目標には、「成約」「登録」「購読」「ファン数の拡大」など様々ありますが、これらはO-STEP戦略ですべて解決することができます。トリプルメディアを最適化し、さらにサードメディアやソーシャルメディアで補完することで、よりユーザーにアプローチしやすい状況が生み出せるからです。

トリプルメディアを補完する「O-STEP戦略」

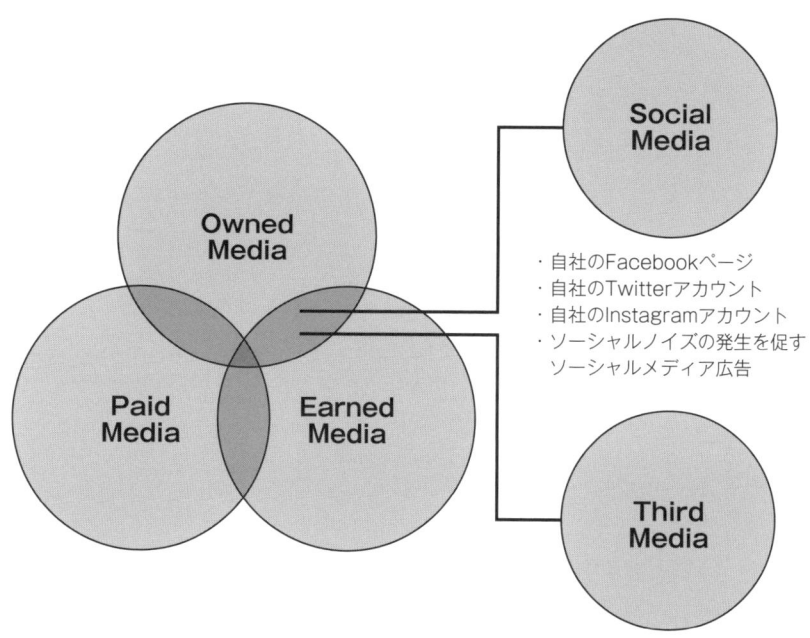

Social Media

・自社のFacebookページ
・自社のTwitterアカウント
・自社のInstagramアカウント
・ソーシャルノイズの発生を促す
　ソーシャルメディア広告

Third Media

業界全体・市場形成を促すメディア。自社も保有しているが第三者が運営しているように見える。以前だと、業界団体・NPO・協会などがこれにあたる

	定義	特徴	具体例
ソーシャルメディア	自社で保有しコントロールでき、双方向コミュニケーションもできるメディア	ソーシャルノイズを上げることを目的とする。長期的なブランディングおよび短期的な見込み客獲得にも効果を発揮する	・Facebookページ ・自社Twitterアカウント ・自社Instagramアカウント ・その他、ソーシャルメディアアカウント
サードメディア	自社（および自社を含む団体）で保有・コントロールできるが他人からは第三者のように見えるメディア	自社の製品・サービスを含む業界全体の啓蒙や教育を目的として適切に運用することで効果を発揮する	・業界全体を啓蒙するニュースサイト ・調査情報などアーカイブしているデータ情報サイト

19

Webマーケティングをはじめる前の チェックポイント

☐ テクノロジーの発達とともに、メディアも進化し、コンテンツ消費の方法も移り変わる。つまり、マーケティング手法も進化させなければいけない。

☐ ただし、マーケティングの本質は「人を相手にする」ため、最新手法に惑わされず、原理原則に則って立案・実行する姿勢を保つ。

☐ マーケティングとは、ターゲット（消費者）の「欲求・関心」を喚起し「記憶」され、「設定した対価」を支払う価値があると判断してもらうことである。

☐ もっとシンプルに言えば、「マーケティングは売りこむ行為を失くすこと」である（by ドラッカー）。

☐ Web上だけでブランディングは難しいことを理解し、リアルと同時並行で進めていく。

☐「トリプルメディア」の考え方を理解している。

☐ 自社でコントロールする「ソーシャルメディア（アカウント）」および、自社所有に見せない、もしくは啓蒙型メディアである「サードメディア」を上手に活用する。

オウンドメディア戦略の基本と実践

「どんなホームページを作るか」を考え、その目的やターゲットを明確にする

オウンドメディア戦略では、「どんなホームページを作るか」が最も重要なミッションになります。

なぜなら、すべての情報はホームページにあるからです。また、各メディアを介して自社に興味をもったユーザーが最終的に集まってくるのもホームページだからです。よって、Webマーケティングはオウンドメディアに始まり、オウンドメディアに戻ると言えるかもしれません。

そして、その目的を果たすためのホームページを作るには、基本的な手順があります。

まず、**ホームページを作る目的・ゴールを明確化**します。たとえば、Webからの問い合わせ件数を伸ばしたいのか、会員登録数を増やしたいのか、商品を多く売りたいのかなど、「何をするためのサイトなのか」をはっきりさせることが大前提です。そのためには、発信すべき情報の整理をします。

次に、**ターゲットを絞ります**。自社の顧客やファンとなり得る人とは、どういう人なのかを具体化します。

さらに、**PDCAサイクルでの改善を図ります**。ホームページは公開して終わりではありません。世の中は常に動いており、その変化スピードは時代とともに加速しています。ユーザーや顧客の反応や動態などを日々リサーチし、現時点での改良点を洗い出し、サイト制作者にフィードバックして、ホームページをアップデートしていくことが大事です。

PDCAで改善をしていくことを「**グロース戦略**」「**グロース発信**」と言います。グロース（growth）とは、「成長」という意味です。これは、Webマーケティングの母艦ともいうべきオウンドメディアを常に見直し、最適化を図るために大事な施策です。

オウンドメディアを成長させるための基本的なフレームワーク

PDCAサイクルを回す

オウンドメディアは立ち上げて終わりではない。

常に「仮説思考」で戦略を立て、すぐに実行できる環境を用意し、数値をもとに分析して、改善・是正していく。

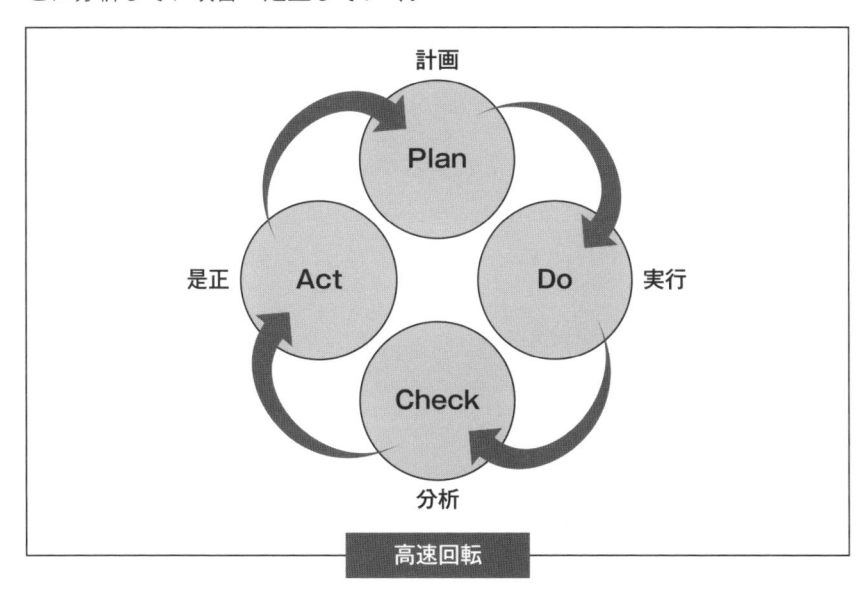

このPDCAサイクルを高速回転させることは、オウンドメディアを成長させていくうえで、最もシンプルかつ間違いのない方法である。

具体的な改善ポイント例

・グランドメニューの見直し
・テキストコピーの改善
・ページのUI（ユーザーインターフェース）
・ボタンの大きさやレイアウト
・デザインのA／Bテスト
・ランディングページ最適化＝LPO（ユーザーを最初に誘引するページの最適化）
・サイトスピードの改善
・キャンペーンやセールの実施、改定
・お問い合わせページなどフォームのデザイン最適化
・チュートリアルの改善
・サポートQ&Aの設置

KGI（Key Goal Indicator；重要目標達成指標）とKPI（Key Performance Indicator；重要業績評価指標）は、目標の設定とその成果を計測するうえで欠かせない概念です。

KGIとは、プロジェクトが達成すべき指標のことです。「Webでの売上げを３ヵ月で２割伸ばす」のように、具体的な期間や数値を設定し、判断基準とします。**KPIとは、目標達成のための過程をクリアできているかを計測する指標**です。KGIで設定した目標に対して、どのような過程を経れば達成できるかを洗い出し、１つ１つの過程がクリアできているかを数値化して計測します。喩えるなら、KGIは見据えるべき「ゴール」、KPIはクリアすべき「ハードル」です。

KGIは、自社の活動全体におけるWebの役割を考え、そこから適した指標を設定します。誰が、いつ、どこで、どのようなツールを使って、どんなコンテンツを見ているか、つまり５Ｗ１Ｈを分析するということです。

どんな企業ホームページでも外せない目的の１つに、アクセス数を伸ばすことがあります。**アクセス数を見る指標には、Webサイトのページが開かれるごとにカウントされる「PV（Page View；閲覧回数）」と、サイトを訪れる訪問者ごとにカウントされる「UU（Unique User；訪問者数）」がありますが、特に重要なのはUUです。**ページが何回開かれるか以前に、サイトに来てくれる人の母数が多くないと、顧客数や売上は増えていかないからです。

KPIの注意点としては、目標未達の場合、次に取るべきアクションが具体的にイメージできる指標にしておくことです。また、計測そのものが容易であることも重要です。

KPIとKGIのチェックポイント

共通して必ずチェックすべき数値

PV（ページビュー）・UU（ユニークユーザー）

ネット上では「PV・UUではない」ということをよく目にするがPVとUUは避けて通れない指標であり、すべての分析するポイントの源流となる。決して無視してはいけない数値である。

検索キーワード	どのキーワードで流入してきたのか？ どのキーワードでどのページが表示されているのか？
ランディングページ	ユーザーはどのページをまずは見ているのか？ またそのページからどこに遷移していくのか？
離脱ページ	ユーザーが離れていくページはどこなのか？ そのページのコンテンツはどんなコンテンツなのか？
ユーザーフロー	ユーザーはどういったページをたどって目的ページに向かったのか？　また、どのページで離脱したのか？
直帰率	直帰率とは、最初の1ページめを見て退出してしまった人の割合。 直帰率を低減させる施策を検討しているか？
滞在時間	そのページの滞在時間。長ければ長いほど、コンテンツを見ている、と仮定できる。
新規&リピーター	ページ立ち上げ初期はリピーターはあまり気にならないが、顧客がついたかどうかはリピーター率を見ることが多い。

実は基本となる分析項目は多くない。PV・UU・離脱ページ・ランディングページは必ずチェックしておけば初期は十分である。

Google Analytics

様々なサイト分析ツールはあるが、無料のGoogleAnalyticsを導入しておけばほぼ対応できる。
Web制作会社などに相談すれば、設置してもらえる。

SimilarWeb

無料の競合分析ツール「SimilarWeb」
会員登録不要。競合企業のURLさえ入力すれば流入元や大方のPV、検索キーワードなどを調べることができる。
http://www.similarweb.com/

07 ターゲット戦略を考える

「セグメンテーション」と「ターゲティング」によって、顧客の属性やニーズを的確に把握する

現代の市場は、需要をはるかに超える供給で溢れる一方、顧客のニーズは多様化しています。万人向けの製品やサービスを作ろうとすると、コンセプトが曖昧になり、結局は誰も買わないものになりがちです。つまり、現代のマーケティングでは、顧客のニーズを絞り、ピンポイントで突くような製品やサービスを作らなくてはならないということです。

こうしたターゲット選定は、オウンドメディアに人を呼び込む際にも意識しなければなりません。

ターゲット選定には、「**セグメンテーション**」と「**ターゲティング**」の2つを考えます。

セグメンテーションとは、ざっくりとした顧客の属性を掴むことです。ターゲティングとは、顧客層の標的を絞り込むことです。

たとえば、「スポーツが好きな人」という大きなカテゴリーがセグメンテーションだとすると、その中で「野球が好きな10代の男性」というのがターゲティングになります。

スポーツ好き全般を対象にしたスポーツ用品店と、10代男性に向けた野球グッズの専門店では品揃えが変わってくるように、**オウンドメディアでも誰を呼び込みたいかによってホームページのデザインやコンテンツは変わってきます。**

まずは自社が担うべき市場をざっくりと捉え、その中の人たちのどの層にアプローチすべきかを、それぞれの企業に合わせて考えていくことになります。自社の強みやアピールしたい商品・サービスの魅力を的確にWebサイト訪問者に届け、顧客を獲得するためにも、自社の"売り"の部分が「どういう人たちのニーズとマッチするのか」を客観的に見極めましょう。

自社の戦い方を決めるSTP分析のチェックポイント

STP分析は、限られたリソース（予算・人材・時間）を様々なところに投資するよりも「絞ったターゲット」に集中して投下することで強みを発揮するようにすることが基本的な考え方

①セグメンテーション＝自社製品にニーズがマッチしている顧客グループ

ニーズ　　　　　　　　　　　　セグメンテーション

ニーズ	セグメンテーション	
PRしたい	デジタルPR テレビPR など 媒体ごと	国内向けPR 海外向けPR 大阪向けPR など地域ごと
	上場企業向け IPO直前 非上場向け など企業成長ごと	ソーシャルメディア コンテンツマーケティング インフルエンサー などPR施策ごと

地域・性別・年齢・職業などで分類（セグメント）することが多い

②ターゲティング＝製品を購入してもらえる顧客を絞り込むこと

セグメンテーションで分類した顧客グループをさらに細分化しターゲットを絞り込む

③ポジショニング＝競合と比較して、自社製品はどこに位置するのか？（競争優位性を探る）

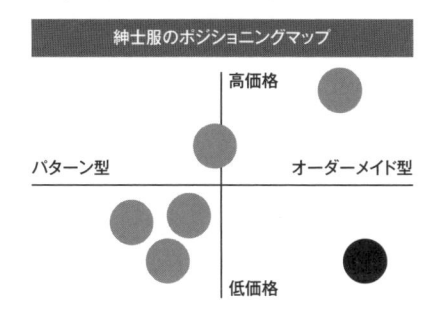

Web上では多くの競合がひしめくため、明確なポジショニング戦略が重要である。ターゲットが選択しそうな競合をリサーチし、価格や機能性、デザイン、流通の種類など様々な軸を用意して多面的に自社が攻めるべき位置を導き出していこう。

Segmentation
Targeting
Positioning

頭文字3つ
STP分析

08 ターゲットの「ニーズと ウォンツ」を分析する

潜在的な欲求である「ニーズ」と具体的な欲求である「ウォンツ」を把握する

欲しい商品や気になる情報をWeb上で探すとき、私たちはGoogleなどの検索ツールでキーワード検索をかけます。商品の名前や情報につながる関連ワードを入力して検索を行うと該当するサイトがヒットし、検索結果の上位に表示されているものから優先的にクリックしていきます。

この一連の行動を考えたとき、自社サイトにより多くのターゲットを誘導する戦略としては、まずキーワード検索で自社サイトがヒットすること、次に検索結果の表示画面で上位にリストアップされることが重要だということがわかってきます。

キーワード検索でヒットしやすく、また上位にリストアップされるためには、ターゲットのニーズとウォンツを把握することが大事です。

ニーズとウォンツの違いをわかりやすく喩えるなら、砂漠にいる人が「喉が渇いたから、何か飲みたい」というのがニーズ、「喉が渇いたから、コーラが飲みたい」というのがウォンツになります。つまり、ニーズをより具体化したものがウォンツです。

Webマーケティングというのは、いわばニーズやウォンツの集合体です。**ターゲットがどんなニーズやウォンツをもっているか（何のキーワードで検索を行うか）を的確に掴むことができれば、自社サイトとキーワードを紐づけられ、検索で確実にヒットさせられます。**強固な紐づけが実現できれば、上位でのヒットも可能になります。

では、ターゲットのニーズとウォンツを掴むためには、どうすればいいかというと、キーワード・アドバイスツールという便利なツールがあります。Google AdWords Keyword Tool、フェレットプラスなどいくつかありますので、活用してみてください。

「ニーズ」＆「ウォンツ」と「検索キーワード」の関係性

検索キーワード ＝ ニーズとウォンツである

1. 「PR会社」を見つけたいとき、まずは「PR会社」と検索する
2. 大阪のPR会社を見つけたいとき、「大阪 PR会社」と検索する
3. 大阪でテレビに強いPR会社を見つけたいとき、「大阪 PR会社 テレビ」と検索する

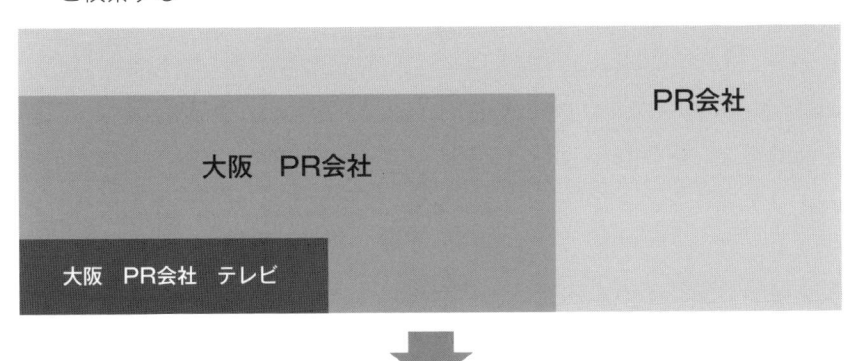

つまり、ニーズがより具体的になった「ウォンツ」が多数に点在するのがインターネットの世界

多数の「ウォンツ」に対応する「コンテンツ」を用意することがWebマーケティングにおける基本

●マーケティング3C分析に当てはめて「ニーズ」と「ウォンツ」を考える

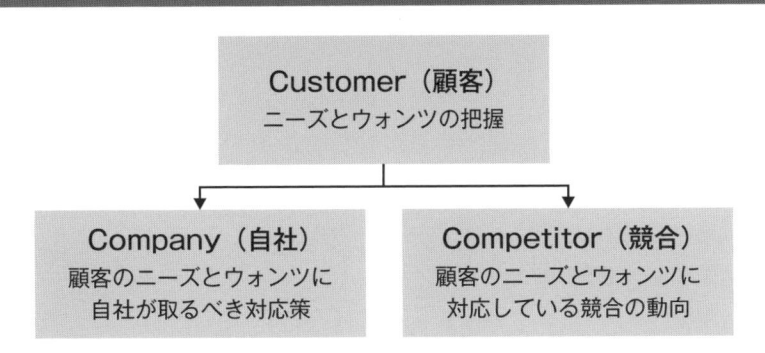

09 ペルソナを磨き上げる

ターゲットとなる人物像を具体的に思い描くことで、マーケティングでの攻め方が見えてくる

ペルソナとは、マーケティングのターゲットを最大限まで具体化した**人物像**です。単に年齢、性別、住んでいる国や地域、趣味などを箇条書きでリストアップするのではなく、あたかも実在する人物のように、その特徴を詳細かつ具体的に書き出していきます。こうすることで、「理想の顧客像」を作り上げるのです。

完璧なペルソナを作り上げる目的は、ピンポイントなコンテンツを提供するためです。**ペルソナを具体的にイメージすることで、マーケティング活動で優先すべきメディアやコンテンツの絞り込みができます。**そうやってペルソナの心に響くコンテンツが提供できれば、理想どおりの良質な見込み客や優良顧客を引きつける確率が高まります。

特に企業間取引のBtoBマーケティングでは、ペルソナが大いに役立ちます。BtoBマーケティングというのは一般的に、自社の製品やサービスを持って営業担当者が顧客企業を訪ね、説明や説得を繰り返して購入に至るパターンが大半です。つまり、顧客を調べ尽くして、そのニーズを探索・発見し、売れる仕組みを作ることが至上命題になるのです。

そのとき、ピカピカに磨き上げたペルソナがあれば、実際の顧客との誤差が少ないので、より確実に購買行動へとつながります。また、購買後に顧客が感じる感想や体験、経験なども、あらかじめペルソナから浮かび上がってくるため、次の購買行動にもつなげやすくなります。

こうした効用があるペルソナを作る手順には、次の3つがあります。

①**ペルソナに関する情報を集める**

②**集めた情報を分析し、整理する**

③**ペルソナを物語風に仕上げる**

右図も参考にしながら、磨き上げをしてみましょう。

行動パターン、心理パターンを考えて
モデルケースとなるプロフィールを考えてみよう

プロフィール

男性・42歳・既婚
結婚12年目

家族構成：妻・子供2人

年収　600万円
小遣い制：月3万円

趣味：スマホゲーム
　　　子育て
　　　株式投資（入門）
　　　ラーメン食べ歩き

・暇な時間を思わずスマホ
　ゲームで潰してしまう
・スマホゲーム以外だと最近
　始めた株式投資系の情報を
　見る
・趣味探しをしているがそこ
　までお小遣いに余裕がない
・宝くじをつい買ってしまう
・宝くじを買った金額を後で
　後悔するタイプ
・子供は好き
・塾代など子供の教育には惜
　しみたくない
・自分が卒業した大学に進学
　してもらいたい
・ラーメンが好きでメタボ気
　味
・40歳を越えて健康に少し
　気を使う

7:00	起床
8:00	出勤
9:00	出社
12:00	昼食
13:00	外出
15:00	帰社
16:00	休憩
20:00	退勤
21:00	帰宅
	夕食・休憩
24:00	就寝

タッチポイント

出社

アプリゲーム
Yahooニュース、
Gunosy

仕事上でのインプット
＆アウトプット

アプリでゲーム

仕事上でのインプット
＆アウトプット

ゴルフ情報リサーチ
趣味リサーチ

帰宅

アプリでゲーム

就寝

スマホゲームか
株式投資情報

10 カスタマージャーニーマップを作る

ペルソナがオウンドメディアを見るまでに、どういう動線をたどるかをマップに描く

　ペルソナが完成したところで、次はペルソナがオウンドメディアにたどり着くまでの道筋や動線を具体的に描いていきます。

　企業と顧客とのコミュニケーション接点やプロセスを可視化したものを、「**カスタマージャーニーマップ**」と呼びます。

　サービスを利用する顧客の行動を追い、また、そのプロセスで顧客が抱く思考や感情を考えることで、俯瞰的に顧客体験を見渡せます。簡単に言うと、顧客の行動を時系列に記したプロセス図がカスタマージャーニーマップです。

　ペルソナが複数あるときは、それぞれに対してカスタマージャーニーマップを作ります。

　カスタマージャーニーマップを作成するには、まずペルソナとなるターゲットユーザーになりきることです。そうしたうえで、普段していること、見ているもの、言っていること、聞いていること、感じていること、食べているものなどを想像し、書き出していきます。ネガティブな内容もポジティブな内容も等しく書き出すようにします。

　このとき、付箋に書いて貼っていく方法がお勧めです。とりあえず思いつくかぎりのことを書き出して、どんどん貼り出していきます。それから、プロセスのステージごとに順序を並べ替えたり、似たような言動のグルーピングをしたり、付箋を移動させて整理していきます。

　マッピングができたら、最後に全体を俯瞰します。そして、プロセスの時々で、自社が取るべきアクションを書き添えていきます。

　顧客にとってポジティブな思考や体験がより良いものになり、逆にネガティブな思考や体験を改善するには、どのような対策が望ましいかを考えることがポイントです。

カスタマージャーニーマップを作る手順

チーム（グループ）で考えよう

いま作ろうとしているWebサイト（もしくは立ち上げたWebサイト）のターゲットはどのようなフローで「目的」を達成するのか？　多くの意見や調査を盛り込んで付箋に書き出して考えてみよう

①目的を明確化する

特定ページの閲覧のみ、会員登録、購入など目的を明確化する

②想定・仮説を立てる

ユーザーがWebで接触するページや行動パターンを洗い出し、仮説を立てていく

③調査を行う

ユーザーへのインタビューや、アクセス解析ツールなどを使って調査を行う

④マッピングしていく

仮説と実際の調査、数値データをもとにマップにしていく。ポイントはそれぞれのタッチポイントで、「ユーザー心理がどのように変化するのか？」を考えること。グループワークで様々な意見を取り込み、多面的な要素を盛り込むことが重要だ。

フェーズ		認知・興味	情報収集	比較	検討	購入
顧客接点環境	シーン	自宅/通勤中/会社	自宅/通勤中	自宅/通勤中	飲食中	自宅
	デバイス	TV	PC/スマホ	PC/スマホ		PC
	チャネル	TVコマーシャル/電車の中吊り広告	求人サイト	求人サイト/口コミサイト/SNS	周囲の人	求人サイト
顧客の行動		通勤電車で中吊り広告を見る／友人と今後のキャリアについて話す／テレビCMを見て気になる	Webサイトの求人案件を見る	条件を絞り込んで検索する／口コミを検索エンジンで調べる	転職することを知人に相談する	複数の企業に応募する

上記の図は顧客の動線をわかりやすく表にまとめたものである。
ここにさらに顧客の立場になって「顧客の思考」「顧客の感情」といった要素（縦軸）を加味していくと、より精度が高くなる。

　企業サイトで自社の商品やサービスの魅力を発信していくには、ユーザーにわかりやすく情報を伝える必要があります。

　そのためには、**このサイトで「誰に」「何を」「どのように」伝えるかという軸を固めます。この軸のことを「コンセプト」といいます。**

　ホームページを作る際には、多くの人が関わります。そのときにコンセプトがしっかりしていないと、連携がうまく行かず、デザインやテキストに矛盾やバラつきが生まれて、説得力のないページになってしまいます。逆に、コンセプトがしっかりしていると、ホームページ全体を通して一貫性が生まれ、ユーザーに情報が正しく伝わって、好感をもたれやすくなります。

　企業側にしてみれば、この商品・サービスがいかに素晴らしいかや、どんな点が新しかったり、他より優れていたりするのか、どんな人の役に立つのかなど伝えたいことは山ほどあるでしょう。しかし、そのすべてを最初から並べ立てても、ユーザーには正しく届きません。情報量が多すぎて理解しきれず、「結局何が言いたいの？」となったり、積極的なアピールを重く感じて、「なんだか面倒くさそう」と引かれてしまったりするからです。

　ユーザーに第一印象で「へえ、面白そう」「この商品、欲しいかも」「もっと詳しく知りたい」と思ってもらうには、企業側が伝えたい情報をギュッと一言にまとめ、直感的に相手に伝えることが大事です。

　コンセプトを伝えるシンプルな一言のことを「コンセプトキーワード」といいます。コンセプトキーワードは、企業とユーザーとの最初の出会いです。ユーザーの心を掴み、想像をかき立て、イメージを膨らませやすいキーワードを考えます。

コンセプトワークは顧客主導ではダメになる!?

Webマーケティングは顧客主導で進めていくのが基本だが、顧客主導で考えると危険な領域もある。それが「コンセプトワーク」である。

「マーケティングリサーチはしない」

スティーブ・ジョブズ

「顧客に何が欲しいかと尋ねたら、
もっと速い馬が欲しいという答えが返ってきただろう」

ヘンリー・フォード

「顧客はいつも正しいわけではない」——いまの段階で可視化・顕在化されていないものは顧客も見えていない。」つまり誰かが可視化しなければいけない。

自分の考え・アイデアを整理すること＝コンセプトワーク

5W2Hで考えを整理してみよう

WHAT	何を提供するのか？　何が強みなのか？
WHERE	どこで提供するのか？
WHY	なぜ提供するのか？
WHEN	いつにするか？　タイミングはどうか？
WHOM	誰のために提供するのか？　ターゲットは誰なのか？
HOW	どうやって提供するのか？
HOW MUCH	いくらで提供するのか？

12 Webサイトのコンテンツを再設計する

ユーザーに自社サイトを見つけてコンタクトをとってもらえるコンテンツを作る

これまでのマーケティングは企業側のタイミングで行われることがほとんどでした。広告配信やテレアポ、飛び込み営業など、どれをとっても企業側の一方的な都合でアクションが起こされます。このような手法を「アウトバウンドマーケティング」といいます。

それに対して、消費者が「検索して調べる」など能動的に情報を求めて動き、それをきっかけに企業がマーケティングを働きかける手法を「インバウンドマーケティング」といいます。これからのWebマーケティングでは、インバウンドマーケティングに重きを置いて戦略を立てていくことが大事です。

インバウンドマーケティングでは、ユーザーとの最初の接触をどうやって獲得するかがポイントになります。Web上に溢れる情報の中から、自社の存在を見つけてもらわなくてはならないからです。

そのためにコンテンツ設計をします。サイトでどのような情報を、どのような順番で、どの程度まで伝えていくか。つまり、ホームページの中身（コンテンツ）を考えるのです。本でいえば目次に当たります。

Webコンテンツの提供方法には大きく2種類があります。1つは、個人情報を入力してホワイトペーパー（企業が独自に編集した情報をPDFなどの資料にまとめたもの）をダウンロードしてもらう場合のような、限定的な情報開示です。もう1つは広く一般に向けた情報開示です。インバウンドマーケティングでは、ユーザーはまだニーズが顕在化していないので、コンテンツはオープンにしておくのが基本です。

コンテンツを公開したら、コンテンツ内にキーワードを散りばめるSEO対策やリスティング広告の出稿など、実際にユーザーに見つけてもらうための施策を行います。

顧客獲得の動線をロジカルに考えよう

Webマーケティングの基本は「成約（コンバージョン）」を増やすこと。
コンバージョンに持ち込む前の段階には何が必要なのか？を考えることが大切。

コンバージョンファネルを検討する

「ファネル」とは日本語で「漏斗」のこと。マーケティング業界で「ファネル」と
いえばコンバージョンに至るまでどのようなターゲットをどれだけ集め、それを見
込み客、新規顧客、優良顧客にするにはどのような施策が必要なのか？ またその
割合は上げるにはどうすればいいのか？を設計することが重要となる。

Webマーケティングにおける「コンバージョンファネル」イメージ

コンバージョンファネル

サイト訪問者全体

ランディングページ

募集入口ページ

離脱○％

測定

入力フォーム

離脱○％

応募完了

離脱○％

ファネルを設計する観点

ターゲットの規模数のリサーチ	ターゲットへのアプローチ方法の選定
ターゲットをWebに呼び込めた数値	ターゲットを引き寄せるページ動線・コンテンツの決定
離脱した数値直帰したページの特定	離脱したページ・コンテンツ案の改善

13 UIとUXを チェックポイントにする

ビジュアルイメージ（UI）と使い勝手（UX）を考えてコンテンツ
を組み立てる

　企業サイトのトップページは、本でいえば表紙です。表紙を見ただけ
で面白そうと思って買う「表紙買い」「ジャケ買い」があるように、**サ
イトも初見のインパクトでユーザーの心を引きつけられることが理想で
す。**そのためには、Webページのビジュアル（UI；User Interface）
にこだわり、優れたものにすることです。

　ただし、ビジュアルで人を引きつけても、肝心の中身が悪ければユー
ザーは去って行ってしまいます。**中身の見やすさや使い勝手の良さ
（UX；User Experience）には特に配慮が必要です。**たとえば、
ページの遷移がしにくかったり、サイトの階層や経路が複雑だったりす
ると、ユーザーを迷わせ、負担をかけてしまいます。

　非常に優れたＵＸを実現しているサイトに、オンライン通販のアマゾ
ンがあります。アマゾンのサイトは、商品がとても探しやすい作りに
なっています。また、商品紹介だけでなく、レビューで実際の使用感な
ども参考にすることができます。そして、アカウントを作っておけば、
「欲しい」と思ったとき、ワンクリックで購入することができます。購
入者や送り先、支払い方法などをいちいち記入する必要がないので、
ユーザーはノンストレスで気持ちよく買い物ができます。

　商品がすぐ届く、どこにでも届けてくれるという利便性ももちろん重
要ですが、やはり世界中に多くのアマゾンファンがいる最大の理由は、
ワンクリックで簡単に買い物ができる機能の高さでしょう。ちなみに、
アマゾンのワンクリック購入は特許を取得しています。

　このように、UXは顧客獲得を左右する大きな要素です。ユニークな
ＵＸのアイデアが浮かんだら、Webマーケティングの理論など後回しに
して、先にサイトを作ってしまってもいいくらいです。

優れたUXとは何か

UXを語るうえで欠かせないのはピーター・モービル氏が提唱したハニカム構造（蜂の巣構造）である。
ピーター・モービル氏は情報アーキテクチャ論の先駆者であり、UXを構成する7つの要素を以下のように提唱している。

■UXハニカムの7項目

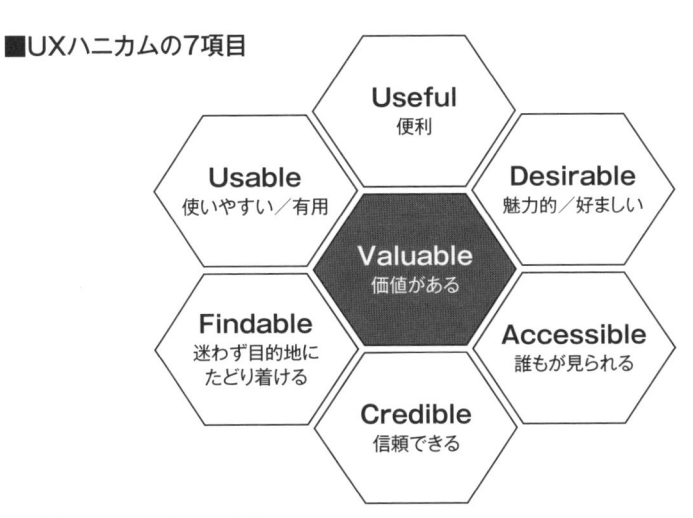

1. 便利・有用（Userful）
ターゲットに対して有用性の高い解決策・コンテンツを提供しなければいけない。

2. 使いやすい（Usable）
目的ページまでの動線、ボタンの配置、案内のテキスト、すべてにおいて「使いやすい」こと。

3. 魅力的（Desirale）
ターゲットが見て魅力的なデザインでなければいけない。

4. 発見しやすい（Findable）
Webサイト自体を発見しやすいのか？　もしくはWebサイト内の目的のコンテンツを発見しやすいのか？

5. 信用できる（Credible）
ターゲットが安心して使えるかどうか？　信頼に値するWebサイトなのか？　信頼がなければ何も入力したくなくなり、無論コンバージョンも生まれない。

6. アクセスしやすい（Accessible）
ターゲットがアクセスしやすいかどうか？　Web読み込み時間なども重要なポイントである。

7. 価値がある（Valuable）
ターゲットに価値を提供するためにWebサイトは存在する。ターゲットにとって価値がないものは、表現する必要のないことである。

14 UIデザインに磨きをかける

「ユーザーにとってわかりやすいか」「情報が正しく伝わりやすいか」を究めていく

前の項でUIはWebサイトのビジュアルだと言いましたが、正確に言うとUIは見た目だけのことではありません。**UIはユーザーインターフェースの略であるとおり、顧客との接点や橋渡しが快適になされていることが前提です。**

たとえば、ユーザーが画面上のボタンをクリックすると、それをコンピューターが処理して、ページ遷移するなどの反応が返ってきます。UIはこのようにユーザーとコンピューターのやり取りを視覚的に翻訳してくれるものです。

では、優れたUIを実現するためには、どうすればいいのでしょうか。その答えを一言で言うと「**機能・操作性・外観のバランスが良いもの**」ということになります。これらを実現するには、まずサイト全体での統一感・一貫性をもたせることが重要です。ページごとにデザインのテイストが違うとか、同じ目的のボタンが場所によって色や形が違うなどといったことになると、ユーザーは混乱をきたします。

UIデザインを考えるときには、客観的な視点に立ち、「**ユーザーにとってわかりやすいか**」「**情報が正しく伝わりやすいか**」を考えましょう。サイトの見やすさや説明のわかりやすさ、ボタンの選びやすさなどは、サイトそのものの使い心地の良さ（UX）にもつながります。

優れたUIを実現するためのポイントは、統一感・一貫性以外にもあります。特にこれからはスマートフォンの時代なので、「スマートフォン」というデバイスの特性を意識したUIをデザインすることが重要になってきます。スマートフォンのUIデザインで気をつけるべきポイントについては、右ページにリストアップしておきますのでチェックしてみてください。

優れたUIとは

基本的にUX（ユーザー体験）が先でUI（ユーザーインターフェース）はその後のことである。優れたUIは表面的なデザインではない。ユーザーを集中させて、目的を達成することができるUIを目指そう。

●これだけはチェックしておきたいUIの基本
□情報を詰め込みすぎていないか？
□メニューを増やしすぎていないか？
□問い合わせ先や電話番号がわかりにくい箇所にないか？
□ファーストビューがターゲットを捉えきれるか？
□多くのカラーを使い、散漫ではないか？
□強調するべき箇所とそうでない箇所の強弱はあるか？
□余計なリンクはないか？
□余分な仕切り線は入れていないか？
□情報のダブリはないか？

●業種によってはPCより最重要な「スマホUI」のナビゲーション
スマホユーザーからのアクセスがPCユーザーを超えた、というニュースはよく聞くところ。当然のことながらスマホのUIについても縦スクロールやタッチのしやすさ、見やすさなど「使いやすさ」が求められる。ここではスマホUIのナビゲーションのスタイルを紹介する。

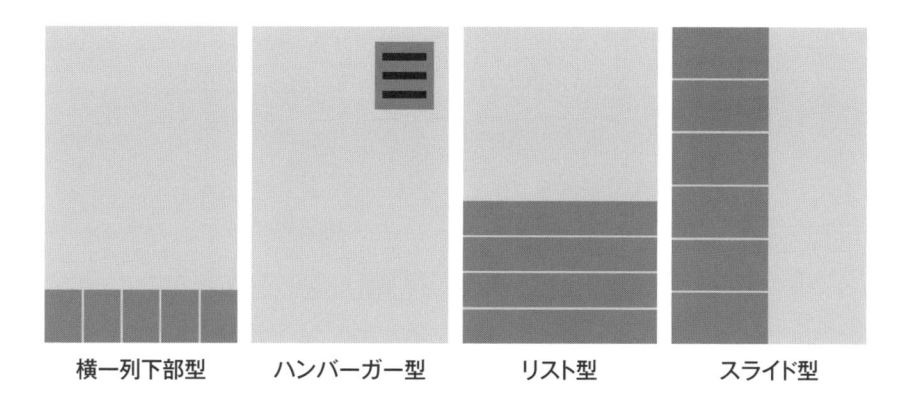

横一列下部型　　　ハンバーガー型　　　リスト型　　　スライド型

15 SEO対策を考える

「検索する人」を想定し、彼らがどのように自社の商品までたどり着くかをシミュレーションする

普段GoogleやYahoo!、gooなどを使って検索をすることが多いと思いますが、Yahoo!もgooも結局はGoogleのエンジンを採用しています。つまり、ほぼすべての検索エンジンがGoogleなのです。

ですから、**検索エンジンからの集客を増やす「SEO対策」とは「Google対策」ということになります**。ちなみに、SEOはSearch Engine Optimizationの略で、日本語では「検索エンジン最適化」といいます。

SEOといっても何から手をつけてよいかわからないという場合は、まず「検索する人」を想定し、彼らがどんなキーワードで検索するかを考えます。**大切なのは、検索する人がどんな段階を経て、自社の商品・サービスまでたどり着くのかをシミュレーションをすることです。**

たとえば、「おなかが空いた。何か食べたい」という動機から、「今日は外食にしよう」「そうだ、パスタがいい」「渋谷のイタリアンに行こう」とニーズが深まっていく段階のそれぞれで、検索キーワードは存在します。どの段階にもヒットするコンテンツがあれば、検索する人が自社サイトを見る機会は増え、顧客になってくれる可能性も高くなります。

検索しそうなキーワード候補が決まったら、そのキーワードの検索数を調べてみます。そのキーワードで検索する人が少ないと意味がないからです。キーワードの検索数を知るには、Google提供の「キーワードプランナー」などが利用できます。

最後に忘れてはならないのは、競合サイトを確認することです。自社のサイトが置かれている状況を知るためです。自分が考えているライバル以外にも意外なライバルが潜んでいることがあります。逆に、ライバル会社がWebサイトに力を入れておらず、SEO上ではライバルでない場合などもあります。

「キーワードプランナー」で検索ボリュームを知ろう

検索ボリュームが高いキーワード＝「多く検索されているキーワード」ということだ。

つまり「ウォンツ」の高さでもある。キーワードプランナーを活用して「ニーズとウォンツ」を可視化し、コンテンツ設計の参考にしよう。

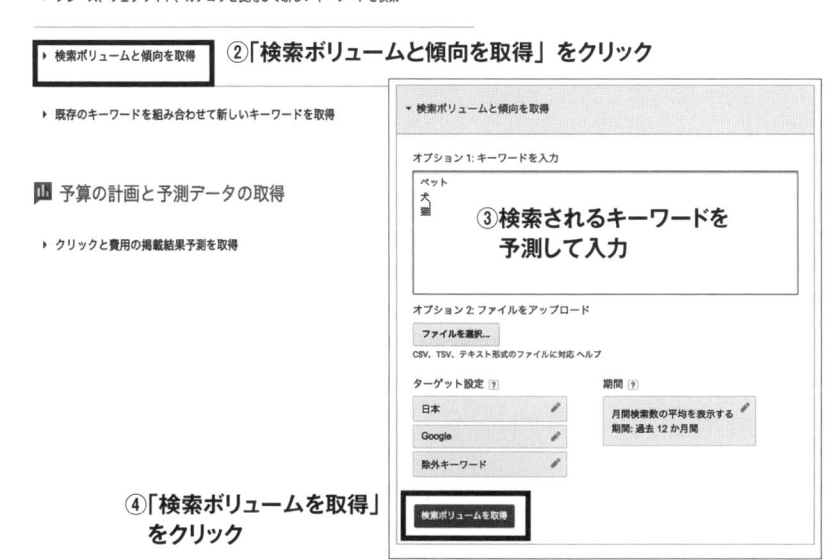

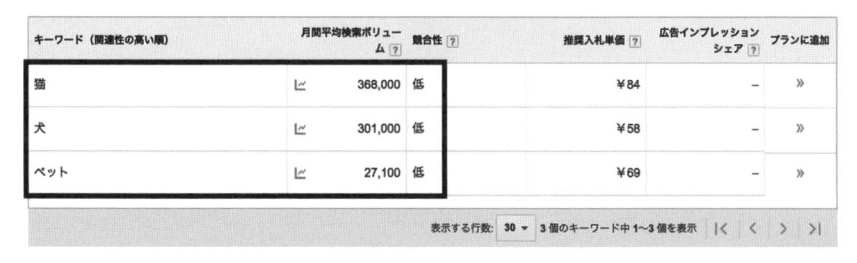

16 SEO対策の基本を押さえる

SEOにはサイト内の最適化を図る「内部施策」と外部リンクを集める「外部施策」がある

　自社サイトはGoogleがもつ数兆ページの中のほんの１ページに過ぎません。そのため、Googleのエンジンに自社サイトの存在を認識してもらうことがSEOでは大前提になります。

　Googleに理解してもらいやすいようにページ内部の改善を図ることは、**SEOの内部施策**です。具体的には、**タイトルタグやテキストの調整、コンテンツの追加、内部リンクの調整などを行って、Googleエンジンが正しく自社ページの内容を理解できるようにします。**このとき、サイト内のエラーを発見したり、HTMLの改善点を教えてくれたりするGoogle提供の「Search Console」が役に立ちます。

　また、リリースしたばかりのWebページは検索エンジンに認識されにくいので、他のWebページからの導線を作るなどの工夫も必要です。これは**SEOの外部施策**です。

　SEOの外部施策では、リンクを集めることが第一目的になります。**パブリシティやSNSなどを通じて、自社のコンテンツを世に広め、情報を見た人が自身のサイトやブログにリンクを貼ってくれるように働きかけます。**

　外部リンクを提供してくれるサービスもありますが、Googleはそうした意図的な操作でランキングを上げることを認めていないので、意図的な操作がわかり次第、順位を下げられてしまうので注意しましょう。

　SEO対策は一度の改善で完了するものではありません。人々のニーズのトレンドが変わったり、検索されるキーワードのトレンドが変わったりします。検索エンジンそのもののアルゴリズムも日々更新されます。よって、それらに常に対応していく継続する姿勢が重要になります。

SEO施策の内部施策と外部施策

●「内部施策」と「外部施策」それぞれをバランスさせる

【内部施策】

サイト構造の最適化
・HTMLの文法
・キーワードの最適化
・ディレクトリ構成
・情報（文章）の絶対量

検索エンジンを意識した
ページづくり

【外部施策】

外部サイトからのリンク
・関連性の高いサイトか
　らのリンク
・人気の高いサイトから
　のリンク

検索エンジンでの
評価の向上

【内部施策】

1. Webサイトのテーマを象徴するキーワード
Googleは、ページタイトルや見出しの"テキスト"を拾い上げる。検索されたいキーワードを慎重に選定し、適切にキーワードを入れることを心がけよう。

2. Webサイトの情報量文章量とページ数
当然であるが情報量が少ないサイトは評価が低い。ページ数（最低でも15ページ以上）やしっかりと役に立つ分量のテキストを用意する。

3. Webサイトのディレクトリ構造と内部リンク
ディレクトリ構造や、情報設計、HTML、CSSのソースコードがしっかりしているか、またサイト内のリンク構造も最適化できているかチェックしよう。

【外部施策】

1. バックリンクの質
ポータルサイトやアクセスの多い他のサイトからのバックリンクは高く評価される。また 関連性の高いサイトからのバックリンクも同様で評価が高くなる。

2. アンカーテキスト
アンカーテキストとは、リンクが設定された文字列のこと。このアンカーテキストに、上位表示させたいキーワードが含まれていれば、よりSEO効果が高くなる。

3. バックリンク量
以前まではバックリンクが多いほうが（量）評価が高くなったが、最近ではバックリンクの量はさほど重要ではない。それよりもユーザーにとって良いコンテンツがあるかどうかがポイントになる。良いコンテンツがあれば自然なバックリンクがつきやすくなる。

17 Webサイトのアクセス解析をする

ユーザーの動きを分析するには「GoogleAnalytics」を活用する

　第1章では、主に外枠部分（UI・UXや基本的な戦略・考え方など）を網羅的に解説してきました。ただし、重要なのは第2章から解説していくコンテンツマーケティングや、そのコンテンツを広げるための広報戦略、ソーシャルメディアマーケティングです。いくら外面が良くても中身が伴っていなければ、ターゲットは見てくれません。さらに、その中身（コンテンツ）についても常に改善しつづけていくことが、Webマーケティングにおいては求められます。まずは現状を把握し、その数値や要因を分析していきましょう。

　オウンドメディアを分析するツールとしては、GoogleAnalyticsがお勧めです。無料で高機能、誰でも使えるわかりやすい画面構成（UI）となっています。

　導入するには、まずGoogleAnalyticsにGoogleアカウントを使ってログインし、「トラッキングID」を取得します。

　次に、トラッキングコードが発行されるので、このコードをGoogleAnalyticsを設置したいサイトに貼り付けます。貼り付け場所は</head>より前の場所にしますが、ここはプロのWeb制作会社におまかせしましょう。コードの貼り付け後、アクセス解析が可能になります。

　初心者向けにどのような数値や分析要因を見ればよいかは右ページを参照してください。

　よく陥りがちなことは、とにかくPV・UU至上主義となり、その数値しか見なかったり、実際に売上げにつながらないアクセスを無駄に集めたりすることです。大切なことは、PV・UUにとらわれず、「どのようなページ遷移が多いのか」「どのような参照元やキーワードで流入してくるのか」という改善につながる要因に着目することです。

Webサイトのアクセス解析に便利なツール

●サイト解析ツール　GoogleAnalytics

GoogleAnalyticsは最も使われている無料の解析ツールであり、解説本はたくさんあるので詳細はそうした書籍で確認するのがいいだろう。ここではWebサイト解析で必ず注目しておきたいポイントを5つ挙げておく。

①トップページとその遷移先ページ
TOPページのＰＶ、UU、直帰率、離脱率に注目する。さらにTOPページからの遷移先や問い合わせページまでの動線を確認する。

②主な流入元
流入元となっているプラットフォームを把握する。Google検索、FacebookやTwitterなど各ソーシャルメディア、Googleアドワーズやその他の広告など、流入元を確認する。

③検索キーワード
Google検索でどのようなキーワードで流入してきているかを確認し、検索対策をしていく。

④ランディングページ（入り口ページ）
入口はTOPページだけとは限らない。下層ページが検索で上位に表示され、入り口ページとなることもある。

⑤地域やデバイス別のアクセス
ユーザーはどの地域からやってきているのか？　またPCなのか、モバイルなのか、タブレットなのか、どのデバイスを使っているのかを確認し対策に結びつける。

オウンドメディアのチェックポイント

☐ セグメンテーションとターゲティングを明確化したか？

☐ そのターゲットをさらに行動パターン、心理パターンなど考慮してペルソナづくりをしたか？

☐ オウンドメディアのコンセプトを明確化したか？

☐ コンセプトを可視化し、Web制作会社に伝えることができるか？

☐ コンセプトをもとに、UIおよびUXに落とし込めているか？

☐ 無駄なデザインやアイコン、イラストや色味を加えてないか？

☐ コンセプトをもとにしたコンテンツ設計はできているか？

☐ ターゲットとする人の「検索キーワード」は把握できているか？

☐「キーワードプランナー」を使って検索ボリュームを調べたか？

☐「検索キーワード」に対応したコンテンツ／ページはしっかりと準備できているか？

☐ GoogleAnalyticsなど分析ツールは導入できているか？

☐ 分析するうえで重要な「KPI」や「KGI」は明確化できているか？

☐ PDCAサイクルで回す仕組みづくりはできているか？

☐ 日々の更新フローを決めているか？

☐ ユーザーからの声やクレーム、不満を収集する環境を築いてるか？

オウンドメディア活用の
コンテンツマーケティング戦略の
基本と実践

18 コンテンツマーケティングの基本

企業が伝えたい情報を、人々が進んで選びたくなるようなカタチ（コンテンツ）で発信するマーケティング手法

2013年頃から日本のマーケティング業界では、「コンテンツマーケティング」という言葉が注目を集めるようになりました。その背景には、「SEO目的」「広告が効かない層へのアプローチ」「潜在層へのリーチ」というニーズが大きくなってきたからだといえます。

ただ、実際の現場の視点で捉えてみると、そうしたニーズがすぐに満たせられるかというとそう簡単ではなく、いくつかの課題があるのが現実です。そうした課題をクリアしてはじめて、コンテンツマーケティングは効果を発揮することをまずは認識してください。

主な課題の1つに、「ターゲットにコンテンツは意図どおりに届かない」ことがあります。世の中に流れる情報の量が日々増加するなか、ターゲットがほしいと思う情報が届きにくくなるというのはおわかりいただけることだと思います。だからこそ、あるテーマに絞った情報を一喝にまとめて、タイムリーに届ける「Gunosy」「Smartnews」「NAVERまとめ」といったサービスが普及しているのです。

また、「テキストコンテンツを作ることが終着だと思っている」という情報発信側の課題があります。そもそも**コンテンツマーケティングとは、「コンテンツを作り、狙いとするターゲットに届け、マーケティング目的を達成する」という一貫した役割があります。**ここに、「ターゲットに届ける」という能動的な行為が含まれます。

よく、「良い情報、役立つ情報なら受け手は喜んで見てくれる」と言われたりしますが、**「良い情報をどのように届けるのか」というところもきっちり考慮しておくことがコンテンツマーケティングの基本になります。**

ここはしっかり認識しておきましょう。

コンテンツマーケティングの基本

基本1 ターゲットに「発見・選択・納得・共感・感情変化」を与えること

一方通行 →

商品を販売に
つなげることが
最大の目的

目的：注意・興味喚起
　　　記憶促進
手段：費用をかけて広告枠を買う

双方向

企業・商品・サービスの
ファンベースを築くことが
最大の目的

目的：ファン構築・顧客を育てること
　　　興味喚起・記憶促進
手段：ストーリーテリング

基本2 コンテンツマーケティングは「長距離走」である

Step 5	ブランド・商品・サービス・企業を愛してくれる優良顧客に育てる
Step 4	購入した既存客に再訪してもらう。さらにファンになってもらい「再購入」してもらう
Step 3	見込み客（ファン）に商品・サービスを購入してもらう
Step 2	自社サイトに訪問した人を見込み客（ファン）に育てる
Step 1	自社・商品・サービス・Webサイト・ブログを発見してもらう

19 コンテンツマーケティング の実施ポイント

商品やサービスそのものではなく、それらを使うことのメリットを 伝えるようにする

　当然のことですが、コンテンツマーケティングを実施するにはコンテンツが必要です。ところが、ひとえにコンテンツと言っても、ただ人々の関心を引きつけるものを出していても意味がありません。企業として伝えたい情報をその中に盛り込んではじめて「コンテンツマーケティング」として成立します。

　そのうえで、①人々に楽しんでもらえる、②伝えたい情報が盛り込まれている、という条件を満たしていることがコンテンツになり得ると考えるべきです。

　ただ、ここで注意すべきことは、「コンテンツマーケティングのコンテンツはこうでなければいけない」という制約をつければつけるほど、「人に届かないコンテンツ」に陥りがちになることです。ビジュアルや動画など情報形態も含め、発想を自由にすることも大切に考えてください。

　以上のような考え方に則れば、コンテンツマーケティングは決して新しい概念ではありません。

　たとえば、世界のホテルやレストランなどを格付けして紹介する、フランスのタイヤメーカーミシュランが発行する『ミシュランガイド』もコンテンツマーケティングの一種といえます。1900年にフランスで無料配布された初の『ミシュランガイド』には、ホテル情報のほかにフランス各地の地図やガソリンスタンド一覧、車のメンテナンス方法などが記されていました。これをきっかけにフランスでは自動車旅行が一気に普及し、それとともにミシュランのタイヤ事業も大きく成長しました。

　商品やサービスそのものを直接売り込むのではなく、その商品やサービスが内在する「利便性」や「楽しさ」をターゲットに感じ取ってもらうことを目的に実施する行為がコンテンツマーケティングです。

「ターゲットの本音を見つけることができるか?」が基本

「企業が伝えたいこと」と「ターゲットが知りたいこと」の距離を縮めるにはどんなコンテンツがいいのか?を考える!

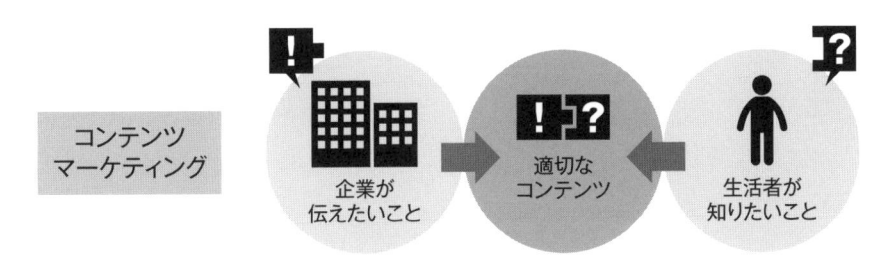

コンテンツ
マーケティング

企業が
伝えたいこと

適切な
コンテンツ

生活者が
知りたいこと

コンテンツマーケティングの元祖「ミシュランガイド」

「ミシュランガイド」
ドライバーがドライブを楽しむための
ガイドブックを無料で配布。

=現代に置き換えればタッチポイントは
「Web」「スマホ」「ソーシャルメディア」

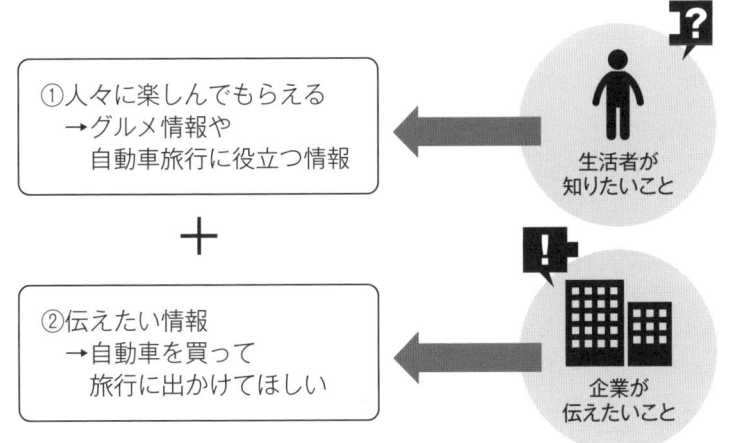

①人々に楽しんでもらえる
　→グルメ情報や
　　自動車旅行に役立つ情報

＋

②伝えたい情報
　→自動車を買って
　　旅行に出かけてほしい

生活者が
知りたいこと

企業が
伝えたいこと

第2章 オウンドメディア活用のコンテンツマーケティング戦略の基本と実践

20 コンテンツマーケティングのタブー

実施したことの成果を捏造するためにPV数やUU数などを操作しない。

　コンテンツマーケティングの効果測定に最もよく使われる指標が、「PV（ページビュー）数」と「UU（ユニークユーザー）数」です。PVはウェブサイトの閲覧回数、つまり、そのページはどれだけ開かれたかという数値です。UUは、ある期間内に何人の人がそのウェブサイトに訪れたかを測る数値です。

　ただ、この数字を上げることばかり気にして、小手先のテクニックで数値を「捏造」しようとすることがあります。

　たとえば、1つの記事を複数ページに分けて公開するという方法です。本来1つの記事を読んだだけなのに、こうして分けることでPVの数値を伸ばすことができます。もちろん、1ページに収めるには長すぎる記事を分割して読みやすくすることもありますが、意図的な数値稼ぎのために記事を小分けにして数値を稼いだところで、マーケティングとしては何の意味ももちません。

　PVやUUはコンテンツマーケティングの効果を知るうえで重要な指標ですので、その数値をどのようにして上げていくかを意識することは非常に大切ですが、数値はあくまでも「指標」でしかありません。

　その指標に基づいて、想定したターゲットにきちんと情報が届いているか、マーケティング目標に適った行動をターゲットが行ってくれているか、その結果、事業の業績に変化が出てきたか、こうした施策を実施するそもそもの目的を達成するためのプロセス管理の指標がPVやUUです。その指標の役割をしっかりと押さえて活用することが、マーケターとしての責務でもあります。

　コンテンツを作って、チャネルに乗せることは、あくまで手段であり、何のためにそれをするのかをじっくりと考えることが大切です。

陥りやすいNGパターン

ウケを狙いすぎてもダ
メだし、売り込みすぎ
てもダメ

ココをチェック!
□当初の目的を忘れていませんか?
□商品訴求ばかりしていませんか?
□結局「何が言いたい」のですか?

データばかり気にしす
ぎてもだめダメ

ココをチェック!
□PV・UUのことばかり考えていません
　か?
□実行者ではなく批評家になっていません
　か?

コンテンツに継続性が
ない

ココをチェック!
□作業分担できていますか?
□1コンテンツに長時間かけてませんか?
□中間ゴールを設定していますか?

サイトデザインに凝り
すぎるのにスマホサイ
トのことを考えていな
い

ココをチェック!
□見た目が命と思っていませんか?
□サイト構築に予算をかけすぎていないで
　すか?
□BtoBだからスマホサイトはいらないと
　思っていませんか?

コンテンツを作りっぱ
なし

ココをチェック!
□ソーシャルメディアで発信してますか?
□コンテンツを広げる予算は考えています
　か?
□SEO対策ばかり考えていませんか?

わかりやすいタイトルや見出しのほか、本文は小分けにしてサクサクと読み進められるように配慮する

　自社ホームページなどのオウンドメディアにターゲットを誘導する手法として、現在では、①検索（SEO）と②ソーシャル（SNS）の2つが主な流入源です。かつてはメルマガにもその役割がありましたが、いまでは主流とはいえません。

　SEOとSNSの2つの流入源からターゲットに選んでもらうためには、コンテンツの「タイトル」が非常に重要な役割を果たします。

　たとえば、SEOから流入を狙うのであれば、検索されやすいキーワードを盛り込みつつ、人々がどんな意図でそのキーワードで検索しているのかを考慮してコンテンツを作ります。また、SNSからの流入狙いであれば、あっと驚くような意外性を演出したり、わかりやすい数字をタイトルに盛り込むことが効果的です。

　Web媒体の経験が浅い人は「かっこいいタイトル」をつけたがりますが、Webにおけるユーザーの行動パターンや心理を理解しないと効果的なコンテンツマーケティングにはなりません。

　見開き2ページ分のコンテンツの閲読が可能な雑誌などと違い、Webコンテンツは画面のサイズによって一目で見ることができる範囲が制限されるため、読者がスクロールすることを前提で設計されています。

　どれくらい長いかわからないWebページをひたすらスクロールしながら、その中から知りたい情報を探すという作業はユーザーにとってストレスに感じます。このストレスを軽減してあげるためにも、Webコンテンツでは記事中に「入り口」を多く作ることがポイントです。

　入り口とは「小見出し」「画像」「改行」など、ユーザーの読みはじめのポイントのことです。出版物では一段落が何行にもわたることが普通ですが、Webでは読みやすくするために文章を小分けにします。

Webコンテンツの編集を覚えよう

印刷物のメディアと比べてまだまだ歴史の浅い「Webメディア」。確立されたセオリーやフレームワークはなく、技術も日進月歩で変化している。そうしたなか、「見つけやすさとは何か？」「読みやすさとは何か？」「共有しやすさとは何か？」を常々考えることがWebコンテンツ編集者としてのスキルを上げることにつながる。

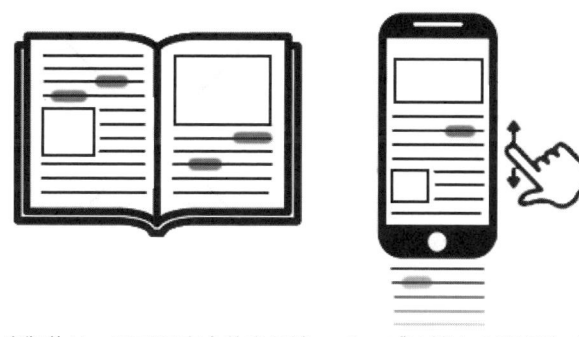

出版物は一目で記事全体を見渡せるため、自分が知りたい情報を探しやすいうえに、精神的ストレスも少ない。

ウェブは端末の画面サイズにもよるため、記事全体の長さがわからず情報を探しにくい。

段落の間にわざと1行空けることで記事を「呼吸」させてあげたり、

わかりやすい色やフォントの変化で小見出しを設けてあげたり、

記事の途中に画像を挿入することで

読者が読みはじめる「入り口」を作ってあげる。

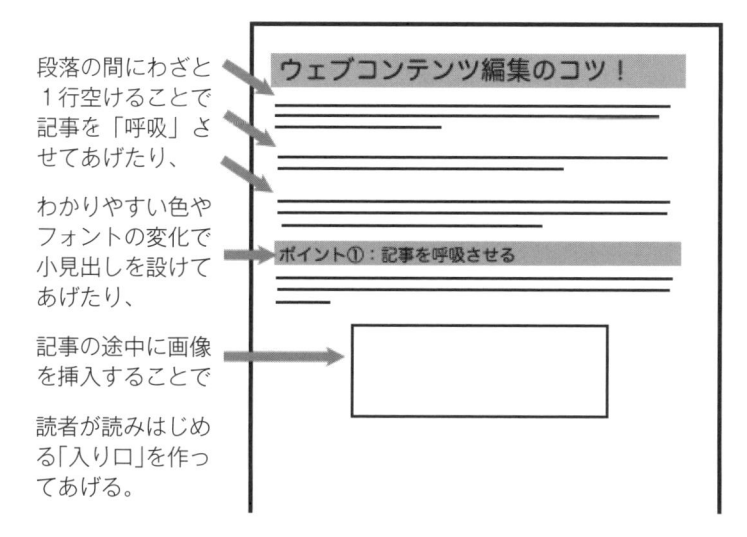

22 主なプレイヤーたち

ここに紹介する以外にも、ソーシャルマーケターなどの専門家を
チームに加えることで効果を上げていく

●CCO（チーフコンテンツオフィサー）

チームの総責任者。戦略や方向性、KGI（重要目標達成指標）やKPI
（重要業績評価指標）設定など、目標達成のための様々な施策を考える
のが主な役割です。

●コンテンツディレクター（プロデューサー）

CCOとともに、メディアプランニングやトーン＆マナー（文章やデ
ザインの雰囲気・調子の一貫性）の設定といった、コンテンツのクオリ
ティを管理します。CCOが兼務することもあります。

●コンテンツマネジャー

CCOとディレクターが作り上げたメディアプランと戦略に沿って、
必要な人材を集めたり、その進行管理をするのが主な役割です。制作陣
と直接やり取りをするポジションでもあるので、人・金・時間のすべて
を管理し、アイデアや戦略を具現化するうえで重要なポストです。

●クリエイター

ライター、カメラマン、デザイナー、エンジニア、プログラマーな
ど、コンテンツを実際に作るのがクリエイターです。その専門分野にお
ける知識と実力はもちろんのこと、ディレクターの意図を汲んでコンテ
ンツを制作したり、ときには制作の立場からディレクターにコンテンツ
の方向性を示唆することもあります。

●データアナリスト

コンテンツマーケティングの効果測定をするのが、大きな役割です。
アクセスデータを報告するだけでなく、そこから見えてくる傾向や問題
点を分析し、仮説を立てて改善策を示唆するなど、ほかのメンバーとは
違った視点からチーム全体の方向性に影響を与える存在です。

チーム体制づくりのポイント

①「長距離走」ができる理想のチームを築く

●良質な雑誌・書籍・テレビ番組は「たった1人」では生み出せない。
●コンテンツマーケティングも同様に「良質コンテンツ」を生み出して広げるためには、「長距離走」ができる理想のチームを作ることである。

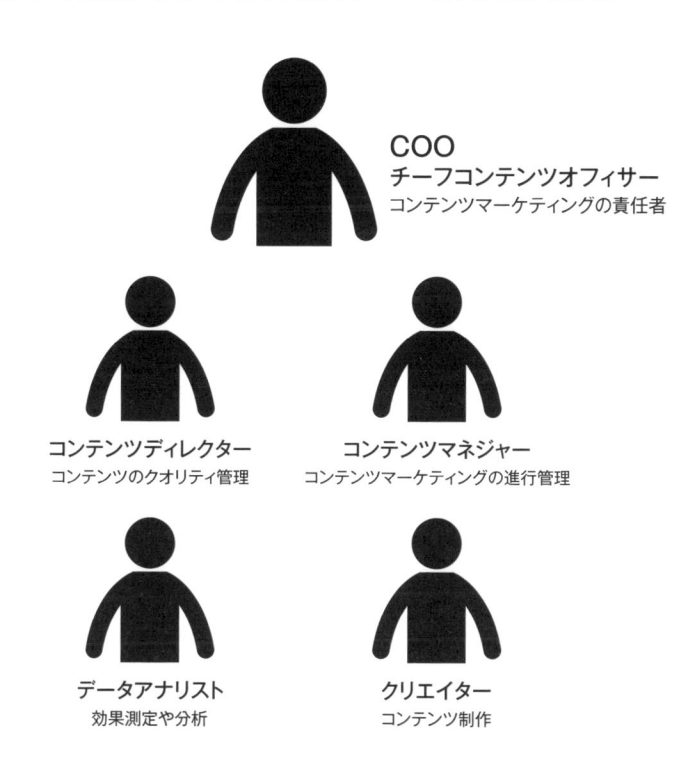

COO
チーフコンテンツオフィサー
コンテンツマーケティングの責任者

コンテンツディレクター
コンテンツのクオリティ管理

コンテンツマネジャー
コンテンツマーケティングの進行管理

データアナリスト
効果測定や分析

クリエイター
コンテンツ制作

②「社内でやるべきこと／社外に依頼すべきこと」を判断する

●コンテンツを生み出すライター／デザイナー／カメラマンは外注化するほうが効率的という考え方が一般的。一方、社内ではコンテンツマーケティングのナレッジを貯め、共有し、次の方向性やステップを示すことに注力する。
●しかし、昨今では永続的に続いていくコンテンツマーケティング活動を社内リソースだけで賄う企業も増加している。

23 チームメンバーに求められるスキル・能力

多角的な視点、情報への嗅覚、リーダーシップ、危機管理能力、演出力、バランス感覚、想像力といった能力をチーム内に醸成させる

　コンテンツマーケティングでは、最も重要な成功要因が「チーム力」です。チームを結集させるためには、コンテンツの最終責任者であるCCO（チーフコンテンツオフィサー）をトップに置きます。

　CCOを支えるコンテンツディレクター（プロデューサー）やコンテンツマネジャーの資質は、「クリエイティブ（アイデアを形にする、生み出す）」がどれほど好きなのかで決まります。実際の現場では「クリエイティブ」とは程遠い場面（人間関係、調整、交渉）が多いものですが、「良いものを生み出しているんだ」という気持ちがチームを1つにしていきます。

　コンテンツのクオリティ管理をするコンテンツディレクターには、「多角的な視点」が求められます。情報を発信する側とその受け手の両方の目線から、コンテンツの在り方を考えていかなければいけません。また、「いま、世の中で何がウケているのか？」「海外では何がうまくいっているのか？」といったことをキャッチする「嗅覚」も大切です。

　コンテンツマネジャーはヒト・モノ・カネ・時間を管理し、クリエイター陣をまとめて引っ張っていく「プロジェクトマネジメント能力」や「リーダーシップ」が問われます。制作過程でよく起こる「締切遅延」を予防するには、時には叱咤激励が必要な場面もあります。

　コンテンツを制作するクリエイター陣に必須の能力は、担当する仕事における専門性です。また、継続して力量の発揮できる信頼性も必要とされる能力の1つです。

　データアナリストが最低限もつべきスキルは、分析の技術です。PVやUUだけにこだわらず、プロジェクトの全体を眺めつつ、細部にわたる効果測定指標を発見し、解析する繊細さが強く求められます。

コンテンツマーケティングチーム：それぞれの役割について

コンテンツディレクター

主な業務
・メディアプランニング
・コンテンツのクオリティ管理
・トーン&マナーの設定
・クリエイターへのクリエイティブ指示

必要なスキル・能力
・世の中の流れをキャッチする嗅覚
・発信側と受信側の目線を理解する多角的な視点
・自分のビジョンをクリエイターに共有してもらうプレゼン力

コンテンツマネジャー

主な業務
・全メンバーとのコミュニケーション
・制作物の進行管理
・制作費管理
・リスクマネジメント

必要なスキル・能力
・全メンバーをまとめるリーダーシップとカリスマ性
・プロジェクト全体を見渡す視野
・問題を未然に防ぎ、対処する危機管理能力

クリエイター

主な業務
・発注されたコンテンツを制作
・ディレクターと方向性の確認
・マネジャーとタスク確認
・場合によって取材など制作に付随する業務

必要なスキル・能力
・専門分野における経験と実力
・全体の意図を汲むバランス感覚
・メディアの特性に合ったコンテンツを作る演出力
・継続的にコンテンツを作る情報量

データアナリスト

主な業務
・アクセス数などのデータ分析
・データに基づいたレポート作成
・データから見えてきた問題点や改善策を提案

必要なスキル・能力
・データ解析ツールの使用経験
・数字の裏にある人間心理を読み解く想像力
・誰にでもわかりやすいレポートを作る資料作成力

24 コンテンツマーケティングの種類

「感情訴求型」「ロジック訴求型」「認知獲得型」「購買型」の
大きく4種類に分けられる

　コンテンツマーケティングとひと口に言っても、実はいくつかの種類・特徴があります。右図に示したように、コンテンツの性格・特性は4つのカテゴリーに分類できます。

　①ユーザーの感情に訴求するのに向いているもの（感情訴求型）

　②論理的にユーザーを納得させ（ハウツー系など）、信頼を得るのに
　　向いているもの（ロジック訴求型）

　③ブランドの認知拡大に向いているもの（認知獲得型）

　④実際の購買につなげるのに向いているもの（購買型）

　たとえば、Facebookページで商品やサービスに興味をもってくれたユーザーが、すぐにその商品を買ってくれるかというと、なかなかそうはいきません。「買いたい」という気持ちになってもらうためには、次に自社サイト（オウンドメディア）に誘導し顧客情報を入力していただき、そのうえでメルマガを配信しさらに興味を刺激し、資料請求、そして購買につなげていく――。こうした段階的なアプローチが必要です。

　つまり、**ユーザーが顧客になるまでには、いくつかの心理変容の段階があり、その段階ごとにベストなコンテンツは変わってくるということです。**また、ターゲットが一般消費者なのか（BtoC）、企業なのか（BtoB）、メディア（BtoM）なのかによっても、発信するコンテンツは違ってきます。

　各コンテンツの特徴をよく知り、複数のコンテンツを臨機応変に組み合わせながら、戦略的かつ立体的なコンテンツマーケティングを行っていくことが成功への近道になります。

　各コンテンツの特徴や使いどころは右図下に一覧にしてありますので、参考にしてください。

4分類できるコンテンツ

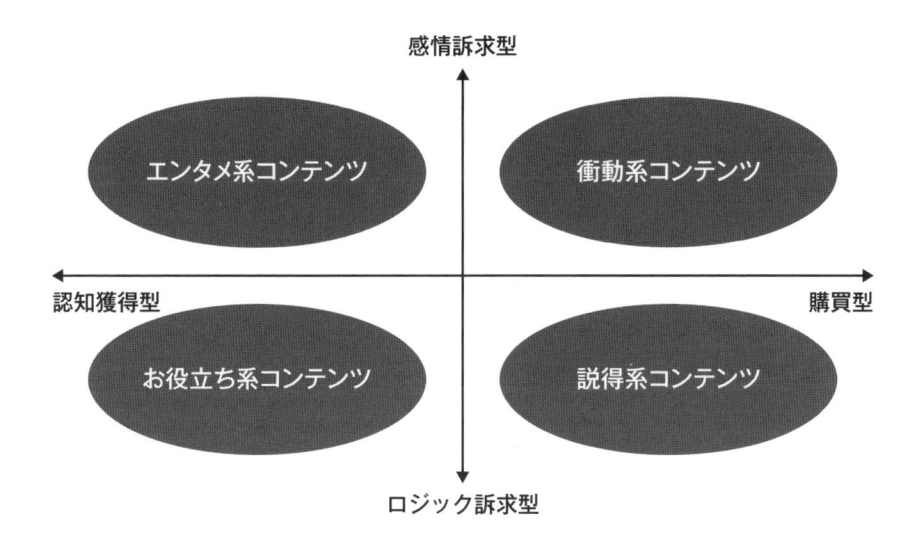

感情訴求型

エンタメ系コンテンツ

衝動系コンテンツ

認知獲得型

購買型

お役立ち系コンテンツ

説得系コンテンツ

ロジック訴求型

エンタメ系コンテンツ	人々が単純に「面白い」と思えるコンテンツ。一般的に「バズコンテンツ」と言われるのはこのタイプが多い。ヒットが生まれたときの爆発力が魅力。 例：アイスバケツチャレンジ／ Will It Blend?
お役立ち系コンテンツ	人々の悩みを解決するコンテンツ。ライフハックなどがこのタイプに入る。「困ったらすぐこのサイト」というふうに思われれば、リピーターは増えやすい。 例：メディア各社のニュースサイト
衝動系コンテンツ	人々の感情に訴えかけ、すぐにでも行動を起こしたいと思わせるコンテンツ。主に人々の欲求に働きかけるようなものが多い。 例：ビールをゴクゴク飲む人の動画
説得系コンテンツ	商品の具体的な特徴やメリットを解説するコンテンツ。セールスメッセージが一番強く、購買にもつなげやすいが、購買後にも楽しめるような商品の意外な使い方なども盛り込むと効果的。 例：iOS 9の隠し機能

25 BtoB向け 顧客獲得型コンテンツ

「ロジック訴求型コンテンツ」を活用し、ターゲットを絞り込んで、相手先との関係性を構築していく

企業などが訴求ターゲットの場合、マーケティングの目的としては、「ターゲット企業から問い合わせをしてもらい、最終的には顧客になってもらうこと」となります。

ターゲット企業から問い合わせしてもらうには、相手企業の実利につながる情報を提供することです。

たとえば、ビジネスに活用できるお役立ち情報やデータなどです。「弊社のサービスを導入すると、御社にはこんな効果があります」とか「これを実現するには、こんなやり方があります」「海外ではいま、このようなやり方が成果をあげています」といったことを具体的なデータやノウハウを示したりして、ターゲットにわかりやすく伝えるのです。これには、「ロジック訴求型コンテンツ」が有効です。

そのコンテンツを想定ターゲットに広げるには、FacebookページやFacebook広告でターゲットを絞り、相手と密接かつ継続的にコミュニケーションを図り、お互いの関係性を深めていくことです。

その目的のもとでは、WebサイトのPVはあまり気にしなくてもいいでしょう。何人に見てもらうかよりも、どんなユーザーに、どれだけ深く見てもらっているかが大事だからです。自社の商品やサービスを導入してくれそうな相手にコンテンツがヒットしているかどうかを気にすべきだということです。

さらに、これはごく基本的なことですが、コンテンツの目立つところに、必ず自社の電話番号やメールアドレスなどの問い合わせ先を明記します。また、サイト上に「お問い合わせボタン」も設置します。興味をもったターゲット企業がすぐに連絡を取りやすくするためです。

「BtoB」に効く説得系コンテンツ

業界全体を牽引しているようなイメージを与えるメディアを立ち上げ、業界に特化した調査情報、最新事例、お役立ち情報などで担当者を引きつけていく。

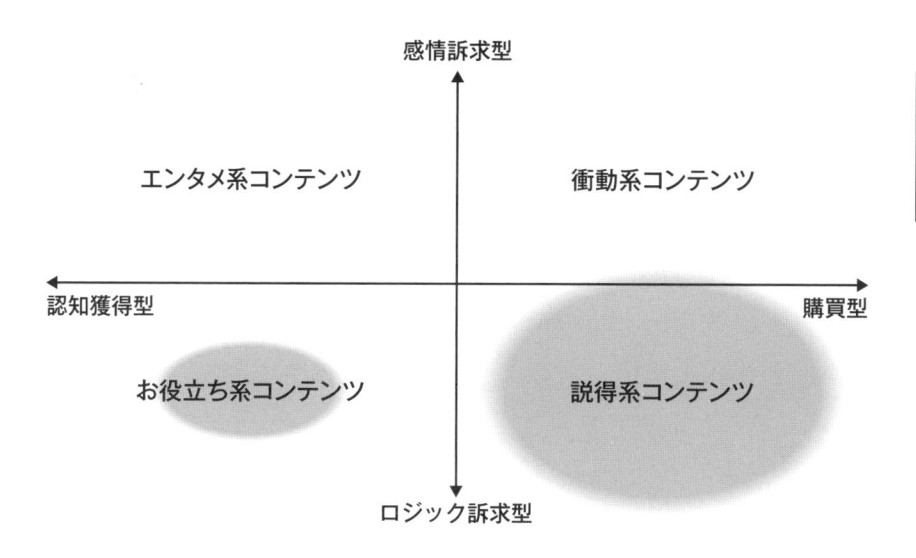

BtoB型メディアは多くの人々の目に触れることではなく、潜在顧客に直接アプローチすることが目的。そのためには業界内のネットワークでシェアされる「説得系コンテンツ」および「お役立ちコンテンツ」を多く盛り込む必要がある。

・導入するとどんなメリットがあるのか
・どのように導入すればいいのか
・どう売上げに貢献するのか
・どれくらい話題性があるのか
・業界の最前線の情報や海外事例

問い合わせ獲得

26 BtoC向け 見込み客獲得型コンテンツ

ソーシャルメディアで誰もが話題にしてくれることを意図した「面白いコンテンツ」づくりにアイデアを駆使する

ターゲットが一般消費者である場合のマーケティングの目的の1つに、「**自社の知名度を上げ、ブランド化を図ること**」があります。

この目的を達成するコンテンツのカテゴリーは、消費者の心に訴えかける感情訴求型やロジック訴求型です。たとえば、自社の商品を見せて、「面白そう」「カッコいい」「食べてみたい」「試してみたい」などと思ってもらうようにすることです。

それには、「**注意を引く面白いコンテンツであること**」が条件です。ターゲットが面白がって話題にしてくれるようなコンテンツのことを「**バズコンテンツ**」といいますが、ソーシャルメディアやクチコミで広がる（buzz）ことを意識するのです。

バズコンテンツの好例に2014年夏に世界中で流行した「アイスバケツチャレンジ」があります。バケツに入った冷たい水を頭から被ることで、ALS（筋萎縮性側索硬化症）という難病があることを啓蒙することがこのイベントの目的でした。

頭から水を被るという驚きと見ている側の面白さ、そして多くの著名人（インフルエンサー）も参加するという珍しさから、あっという間にソーシャルメディア上を駆け巡って、世界中の人たちに強いインパクトを残しました。

バケツの水を被ることとALSには何の脈絡もありませんが、それでもアイスバケツチャレンジと聞くと「あぁ、あの流行ったやつね」と想起できます。

この例のようにバズコンテンツは究極的には、「注意喚起できればまずは勝ち」ということです。そして、ここで得たインパクトをどのように継続（リレー）していくかが、次に大事な作業となります。

「BtoC」に効くエンタメ系コンテンツとお役立ち系コンテンツ

長期的な取り組みにより潜在層を顕在化し、ファンへ育てていくブランディング活動の1つのプロセスであることを認識して、地に足をつけて取り組む。

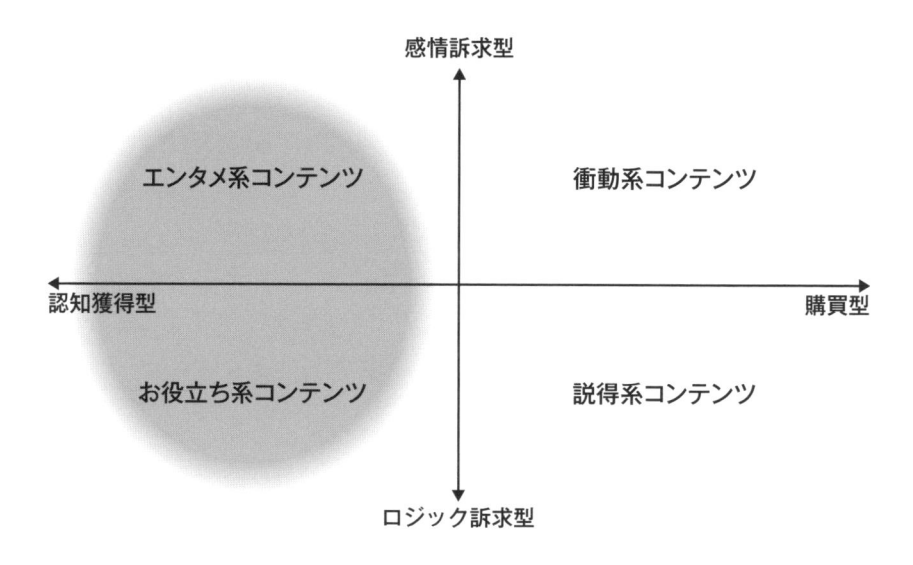

BtoC型メディアの場合、目的によってコンテンツの種類は変わるが、概ね「エンタメ系」「お役立ち系」の比率が多くなる。ただ、すでにブランドイメージが確立されている場合は「衝動系」も必要。

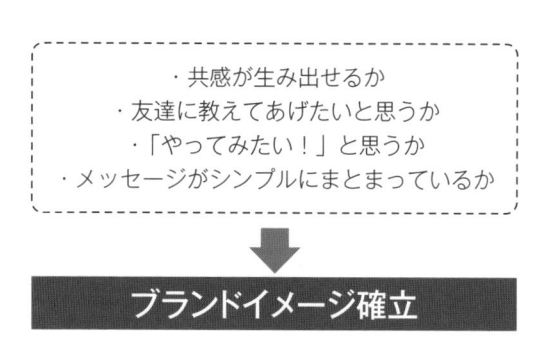

27 BtoM向け 広報型コンテンツ

BtoMのMはMedia（メディア）。メディア側が掲載したいと思える、信憑性の高い情報を発信する

広報型のコンテンツマーケティングとは、「マスメディアが報じたくなるネタをオウンドメディアで提供し続ける」ことを目的としています。このとき、メディアが能動的にリサーチしにくる仕掛けを作ることを「メディアインバウンド」と呼びます。

テレビ・ラジオ・新聞・雑誌などのマスメディアをターゲットにするには、「記事にしたい情報は何か？」というように、メディア側の視点でアイデアを練ること、メディアが掲載したくなる情報を考えることです。たとえば、次のようなことです。

●**事実に基づく情報**：新しい事実についての情報、客観的な数字や調査に基づく情報、事実についての詳細な情報など

●**専門家の意見や見解**：その道に精通している人や第一人者などのインタビュー・記事・コメント、専門家の監修を受けた情報など

●**ニッチな情報**：「ここでしか手に入らない」など希少性の高い情報、ある分野に特化した情報のまとまり、表に出ていない潜在的な情報など

●**一次情報**：独自で手に入れた情報、裏付けのある情報、情報源がたどれる情報など

BtoM向けコンテンツで大事なのは「信憑性」です。誇張したり、曖昧さの残る情報ではメディアは相手にしてくれません。

広報型コンテンツを公開するプラットフォームは、オウンドメディアもしくはサードメディアが基本です。価値ある情報をここに蓄積することで、メディア側が閲覧しに来ることもあります。

そして、プラットフォームに誘導するには、プレスリリースを発信したり、SNSで拡散したり、SEO対策まで含んでメディアの注意を引く施策を構築していきます。

「BtoM」に効くエンタメ系コンテンツとお役立ち系コンテンツ

広報戦略をしっかりと構築・実行できれば、広告予算を抑えることだけではなく、大きな認知を効果的に獲得できる。

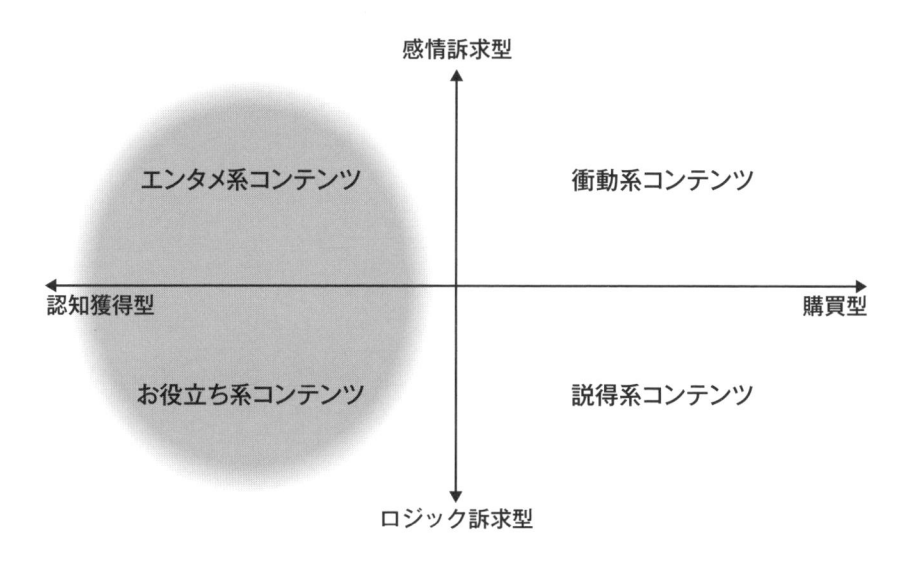

BtoM型のメディアは、その業界の専門家として信憑性のある情報を、世間のニーズにあった形で出す必要がある。必然的にセールスメッセージの高いものより、認知度獲得に寄せたコンテンツが好まれる。

・事実に基づいているか
・専門家の意見や見解などで信頼性が担保できているか
・希少性のある情報か
・独自性のある情報か

メディアで掲載

28 潜在ニーズ発掘のソーシャルメディア型コンテンツ

潜在的なニーズを掘り起こし、認知拡大が期待できるソーシャルメディアの特性を活かすコンテンツが大原則

ソーシャルメディア型コンテンツは、「注意喚起」を促し、潜在的なニーズを掘り起こし、自社・商品・サービスなどの認知を拡大したい場合に有効です。それに対して次項で解説するSEO型コンテンツは、すでに顕在化しているニーズを満たし、検索エンジン経由でユーザーを呼び込むのに適しています。

あまり検索はされないけれども他社にはないオリジナリティのある商品・サービスを扱っている会社や、一般の人たちには認知がされにくいニッチな業界などが、ソーシャルメディアを上手に用いると、「へえ、そんな面白いことをやっている会社があるのか！」「こんな業界があることを初めて知った！」などの反響が得られやすくなります。

ソーシャルメディアに投稿するコンテンツは、次のようなことに注力します。

● **気づきを与える内容**：驚き・発見・共感・納得などを与えることで、人々の歓心を引き寄せます。

● **話題性の高い内容**：クチコミを誘引するような記事はWebマーケティングの基本です。

● **ユーザーとコミュニケーションが取れる内容**：見た人から意見やコメントが返ってきやすいコンテンツにすることで、人々の考えていることを掴んだり、ニーズを確かめたりすることができます。それを手掛かりにして、コンテンツをファンベースにします。たとえば、占いや性格診断、あるあるネタなどは、読んだ人がコメントを残してくれやすいものの代表です。

● **シリーズ化できるコンテンツ**：定期的かつ継続的に情報発信することで、一度掴んだユーザーが離れていくのを防げます。

SNS型に効くお役立ち系コンテンツ

ユーザーに気づきを与えるとともに、共感を生むコンテンツに注力することで、さらなる拡散を促すことができる。

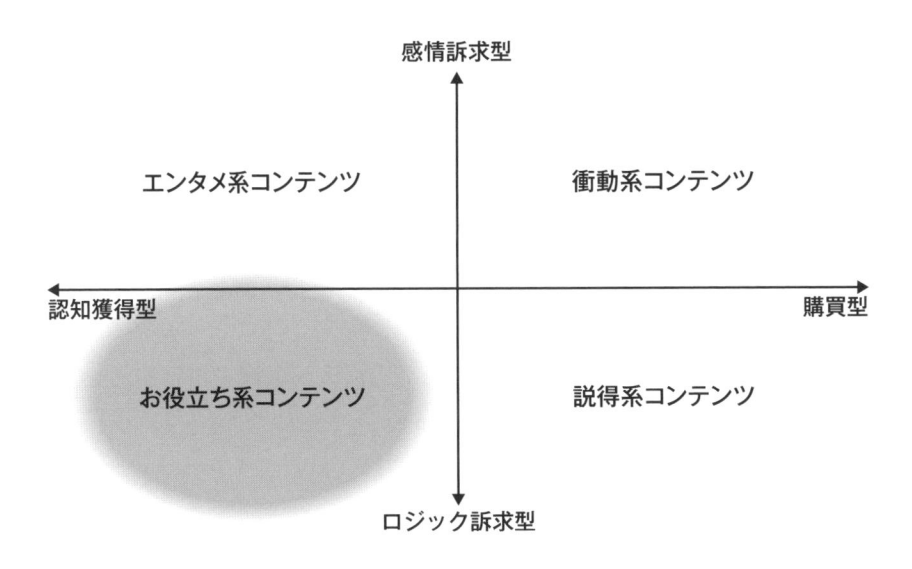

SNS流入を目的とするニュースメディアの場合、オリジナルコンテンツ以外にも他媒体のコンテンツも積極的に取り上げるため、認知目的でも特に「お役立ち系」のコンテンツが重要になる。

> ・人々に話題を提供できているか
> ・気づきを与えられているか
> ・ユーザーとコミュニケーションがとれることに注力しているか
> ・シリーズ化できるコンテンツか

ファンベースの構築

29 検索流入を促す SEO型コンテンツ

検索需要に合わせたコンテンツを発信することで、オウンドメディアへの流入を促す

　SEO型コンテンツは、検索に引っかかるように意図して作るコンテンツです。**実際に検索されたキーワードや、検索ニーズがありそうなキーワードに合わせてコンテンツを作ることで、ユーザーの流入を促します。**

　たとえば、料理のレシピサイトや、悩み相談ができるQ&Aサイトなどが、これに該当します。料理のレシピやQ&Aの記事を質・量ともに充実させることで、たくさんの人がコンテンツを利用してくれるようになります。それをきっかけにして、自社の存在を認知してくれたり、自社サイト（オウンドメディア）に訪問するユーザーが増えたり、顧客になってくれたりすれば、マーケティングとして成功です。

　一般的にSEO型コンテンツは、まずは検索されることが前提のため、一般の人が知ることが少ないニッチな業界には向いていません。

　しかし、自社が属する業界には必ずシェアNo1の企業があり、顧客を獲得しているのですから、そこに何か糸口はあるはずです。「その糸口は何か？」「ターゲットはどのようなキーワードで検索しているのか？」を想像し、検証することで、ニッチな業界であっても打開策は必ず見つかります。

　ちなみに、SEO型コンテンツはその特性上、単発記事の寄せ集めになりがちです。コンテンツ全体を見たときに一貫性が無く見えることがありますが、これは決して悪いことではありません。

　コンテンツとしての一貫性をもたせるために、記事と記事をつなぐ記事を挿入するやり方もありますが、たいていのユーザーは自分が知りたい情報だけ手に入れば満足で、他の記事まではあまり読みません。どこまで一貫性にこだわるかは、目的によります。

「SEO型」に効くお役立ち系と説得系コンテンツ

すでに顕在化しているニーズを満たし、検索エンジン経由でユーザーを呼び込むことを意図する

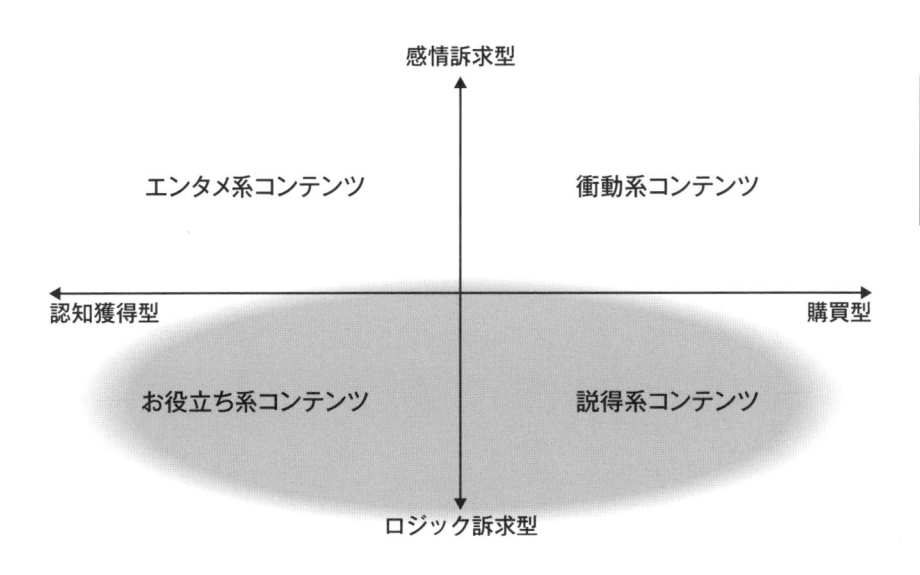

SEO向けコンテンツは、検索した人の知りたいことや悩みに応えることが最も重要なため、「お役立ち系」と「説得系」の比率が増える。

> ・自社サイトへの誘導策ができているか
> ・検索でひっかかりやすくなっているか
> ・タイトルはわかりやすいか
> ・検索した人の悩みに応えているか

潜在顧客への啓蒙

30 サードメディアによる情報発信

第三者の視点により編集された情報を発信することで、宣伝ではなく、ユーザーのお役立ち情報として受け止めてもらう

自社で運営していることを明示せず、第三者の視点で編集される情報サイトのことを我々筆者グループでは「サードメディア」と呼んでいます。所属業界全体の認知度や好意度を上げることを目的とし、ひいては自社にも好影響につながるメディアのことです。自社情報を宣伝するのではなく、あくまで第三者の立場でニュートラルに情報提供するという姿勢で行うことから「サード」というキーワードを設定して、命名しました。

たとえば、アウトドア用品を扱う企業なら、「アウトドア」をテーマにしたWebサイトを作ります。コンテンツにはアウトドアにまつわる様々な情報が載っていて、数ある情報の1つとして自社のアウトドアグッズが紹介されているといった編集にこだわります。つまり、アウトドア雑誌のWeb版です。

サイト訪問者に「ここに来れば、アウトドアのことがわかる」などのように認知してもらい、ファンベースを構築すれば、グッズ販売以外にもイベント開催など、ビジネスチャンスが広がっていきます。

サードメディアの最大のメリットは、自社の商品以外に業界の様々な情報を発信していくことで、業界全体の啓蒙ができる点です。その業界のオピニオンリーダーになると、たとえば"アウトドアの第一人者"としての権威づけがなされます。すると、第一人者としての意見や見解を求めて取材が来たり、講演会やセミナーの要請が来たりしてメディア露出が増え、さらに市場での優位性が高まります。

アウトドアをよく知らない人にも「○○といえばアウトドアグッズの会社」と認知してもらえれば、その市場の中での優位性が高まるとともに、ブランド認知の拡大が期待できます。

サードメディアの特徴

	メリット	デメリット
 企業名つきオウンドメディア	・企業の認知度アップにつながる ・ブランディングがしやすい ・企業の利益に直結しやすい	・広告のように思われる ・拡散しにくい ・扱えるコンテンツの幅が狭まる
 サードメディア	・拡散しやすい ・コンテンツの幅が広く、枯渇しにくい ・構築したファンベースを活用してイベントなどを展開できる	・企業名が認知されにくい ・企業の利益に直結しにくい

サードメディアは、クライアント以外の様々な企業の情報を発信していけるため、業界各社が積極的に拡散してくれるうえに、読者にとっても必要な情報がすべて集まるため、多くの集客が見込める。

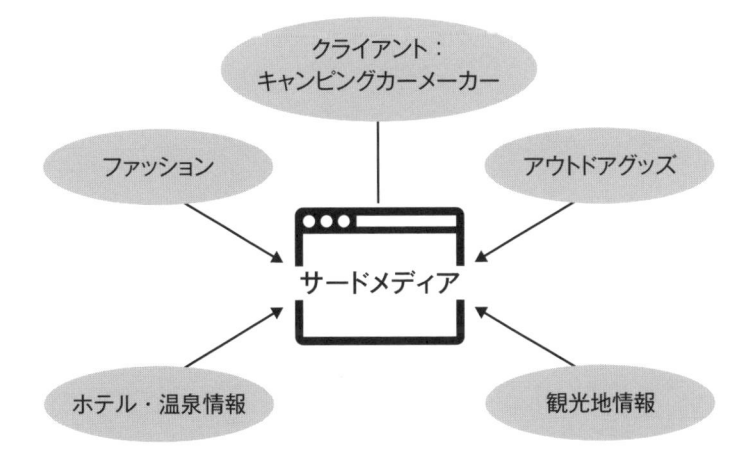

31 サードメディアにおける コンテンツ戦略

業界全体を巻き込み、他業界にも波及するような横の広がりの あるコンテンツを目指す

サードメディアを使ったマーケティングの注意点は、「特定のメーカーや商品の売り込みをしない」ことです。サードメディアの魅力は、マーケティング色を感じさせない"情報の中立性"にあるからです。

メーカー側がサードメディア上で情報を発信するときは、自社だけが特別扱いにならないよう、その他の会社や商品も掲載し、純粋に一般的な記事として編集されていることが大前提です。つまり、自社のPR誌ではなく、一般的な雑誌ということです。あるテーマに基づいて編集されたWeb雑誌の中に、自社商品が紹介されているということにこだわることで、信頼性の醸成を図ります。

たとえば、各メーカーの商品を同列に並べて比較するレビューのようなものをイメージするといいでしょう。一般ユーザーに正直で公平に商品の使用感などを評価してもらい、そのコメントを紹介します。すると、そこにメーカー同士の競争が生まれ、業界全体が活気づいていきます。

さらに、その活況が他業界にも伝播すると、より幅のあるマーケティングが行えます。「アウトドア」をキーワードにグッズ業界、ファッション業界、自動車業界などが参加し、盛大にイベントを開催するなどです。そこで消費者からアンケートを取ったり、モニターを募ったりもできます。

さらにインフルエンサーをキャスティングしやすくなるというメリットもあります。業界内で名の通ったインフルエンサーたちは１社だけに肩入れすることを嫌います。このようなサードメディアであれば協力も得やすく、リレーションを築くきっかけづくりにもなるでしょう。

マーケティングというのは、１社の一人勝ちより、ライバル同士で高め合ったり協力し合ったりのほうが発展していきやすいものです。

サードメディア戦略成功のポイント

クライアントのみならず、業界全体を巻き込み、応援するという姿勢が何よりも大切。そうすることでファンの幅も広がるうえに、より多くの人々を集めることができる。

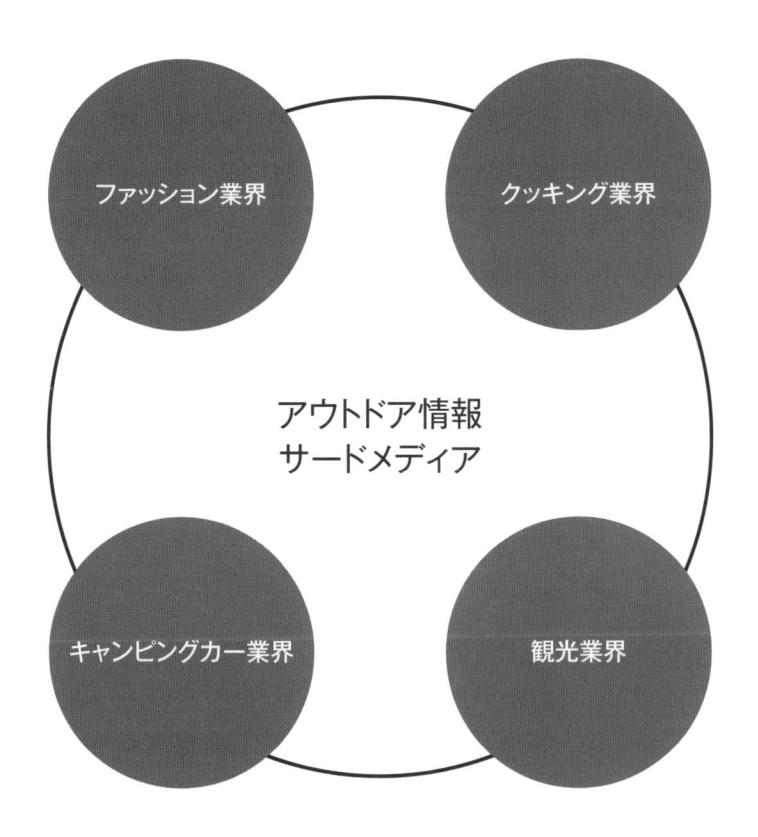

サードメディアは様々な業界を巻き込んで多くの人々を集められるため、そこで構築したファンベースを活用してイベントを開催することも可能。
イベントの規模が大きくなればメディア誘致も容易になり、業界全体の需要拡大にもつながる。

32 情報伝播を設計する

イノベーター理論に則って情報伝播に最大の影響をもたらすインフルエンサーを最初のターゲットにし、ブームを仕掛ける

　ある商品が爆発的に売れたり、あるキーワードが流行したりするとき、そこには「イノベーター理論」が働いています。

　イノベーター理論とは、情報やマーケットというものが、人々の間でいかに広がり、ブームになっていくかを説明した理論です。活用の仕方によって、意図的にブームを起こすことも可能です。

　まず、新しい物事に素早く敏感に反応する**イノベーター（革新者）**が新しい価値Xを使いはじめます。すると、流行に敏感な**アーリーアダプター（新規採用者）**がXに続いて使用し、世間に対してXを使用していることを発信します。アーリーアダプターは、いわばカリスマ的存在です。世間の注目度が高いため、多くの人がこの影響を受けます。

　影響を受けた**アーリーマジョリティ（前期追随者）**がXを話題にして広めることで、Xは**レイトマジョリティ（後期追随者）**にも浸透していきます。この段階になると、Xは世間でブームとなり、「みんなが知っているX」「バカ売れ商品X」になります。

　最後の**ラガード（遅滞者）**は、流行に疎く、Xをかなり後になってから知るか、知らずに終わる人たちです。

　さて、**自社が広めたい商品・サービスがあるとき、意図的にブームを起こすには、アーリーアダプターが特に重要です。**ファッションリーダーやセレブ、人気タレント、ご意見番など、その業界での注目度が高い人物、いわゆる「オピニオン」がメディアで自社の商品・サービスを話題にしてくれたら、そこから一気に火がつくからです。

　イノベーター理論によるマーケティングは、特に新商品や新サービスにおいてよく行われる手法です。どんなコンテンツを誰に、どのタイミングで発信するかが、コンテンツマーケティングで問われるところです。

「イノベーター理論」による情報伝達分析

イノベーター理論とは、社会学者のエベレット・M・ロジャースが提唱した新商品・新サービスの市場への広がりを体系化したもの。商品・サービスだけでなく、情報の伝わり方にもこれを応用できる。

「どの階層をターゲットにしているメディアおよびコンテンツなのか？」が考える視点

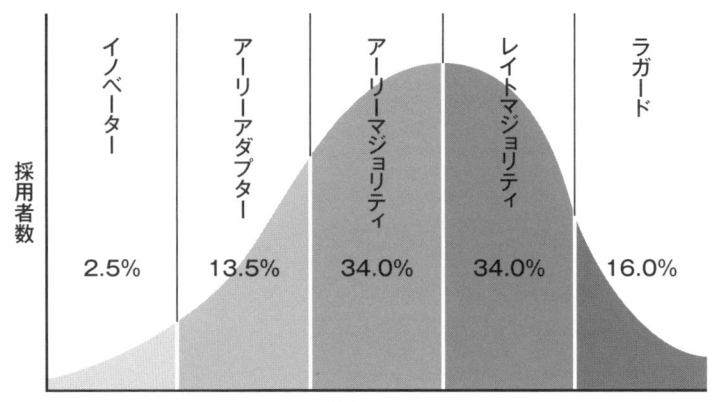

採用者数

イノベーター	アーリーアダプター	アーリーマジョリティ	レイトマジョリティ	ラガード
2.5%	13.5%	34.0%	34.0%	16.0%

時間の経過　　注：%は全体を100としたうちの存在割合

イノベーター（革新者）	新しい価値を誰よりも先に使用する層。この時点ではまだ大衆の目には触れていない。商品を開発した側や、新しいライフスタイルを提唱する側に近い人たちがこれにあたる。
アーリーアダプター（初期採用者）	イノベーターたちが見つけた価値を広める、いわゆる流行に敏感な人々。現在でいえば主にネットや、一部専門媒体などがこれにあたる。
アーリーマジョリティ（前期追随者）	アーリーアダプターたちに最初に影響される人々。この人たちが騒ぎ出すと、いよいよブームとしてのカタチが見えてくる。ネットではすでに広まっており、テレビも取り上げはじめる。
レイトマジョリティ（後期追随者）	世間でブームになっていることを受けてはじめる人々。この時点でそのブームは成熟期に達したといっていい。コアターゲット層ではない人々がはじめるのが、このフェーズ。
ラガード（遅滞者）	すでに成熟期を過ぎ、そのブームの功罪などを理解したうえではじめる人々。この時点で、メディアでも取り上げられることはほぼなくなっている。

33 インフルエンサーに情報拡散を促す

インフルエンサーへの期待はクチコミ。純粋に良いものとして紹介してくれれば、驚異的なスピードと広さで拡散していく

インフルエンサーは、イノベーター理論の「イノベーター（革新者）」のような存在です。ファッション業界ならカリスマモデル、ラーメン業界ならラーメン評論家などその分野に直接影響力のある人たち以外にも、アーティストや俳優・タレント、スポーツ選手など、マスコミなどによく登場したり、取り上げられたりする著名人物など、社会的に絶大な影響力のある人たちが該当します。

インフルエンサーを選定するには、「商品やサービスのユーザー層に影響力のある人」という基準になりますが、そうした人たちに対して、直接またはPR会社などを通して、アプローチすることになります。

そして、最適なインフルエンサーにアプローチできたら、どのように協力してもらうか考えます。

①自社のオウンドメディアやサードメディアにも登場してもらいコラムなど執筆してもらう

②インフルエンサーが担当しているメディアで情報発信してもらう

③広告に登場してもらい、広告に信頼感を与える

などについて検討します。

その他、サードメディアであれば企業色が出ないので、所属業界の印象度や好意度を上げるのに有効に働きます。

インフルエンサーによる情報拡散は、そのインフルエンサーの興味や関心によってクチコミしてくれることです。気をつけたいのは、対価を支払って意図的にクチコミを誘発することです。こうした「情報操作」が漏れるとユーザーから反感を買うことになります。実際に、クチコミを対価を支払って誘発したことがネットで拡散され、イメージを損なった企業もあります。

インフルエンサーの影響力

イノベーターは、いわゆる有名人だけではない。ソーシャルメディアが一般的となった現在では、その業界では知られている人から、これから急成長しそうな有望株まで幅広くリサーチすることがポイントだ。

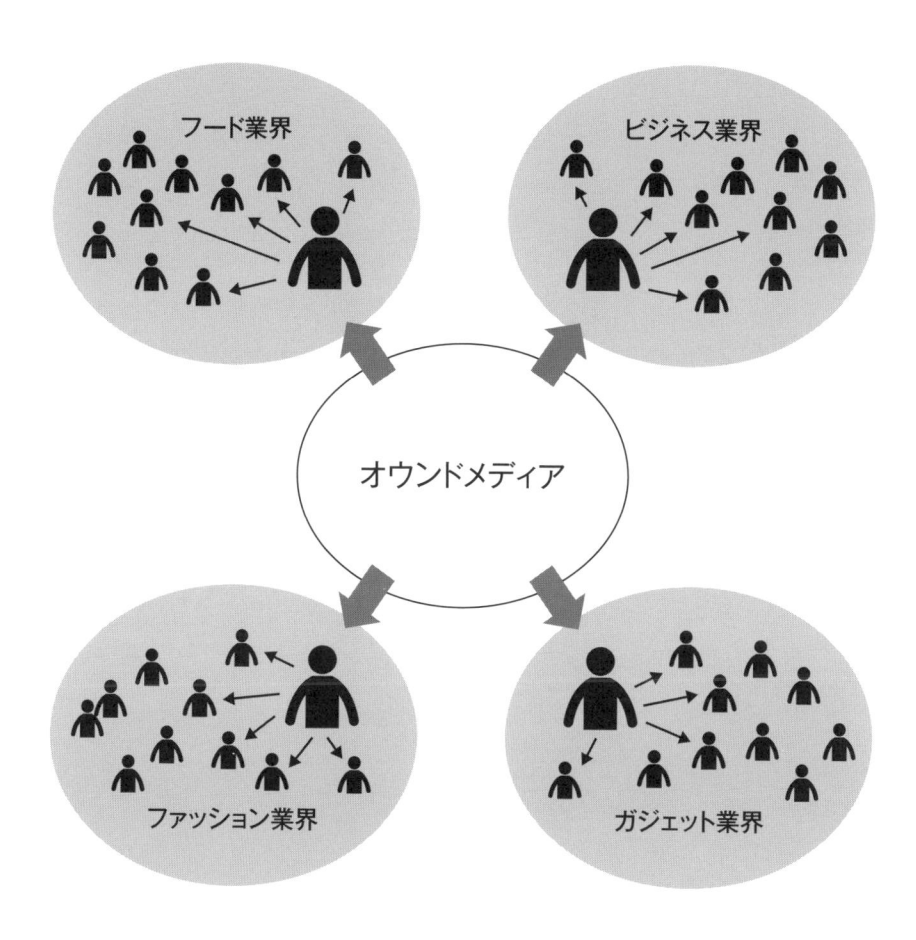

各業界に存在するインフルエンサーに届けば、その業界で一気に認知が広まる可能性がある。インフルエンサーたちがどのような情報を好むかを念頭に置きながら、彼らをピンポイントで狙ったコンテンツを制作するのも効果的。

34 ビジュアル系コンテンツを活用する

コンテンツマーケティングの主流デバイスがPCからスマホやタブレットに移行していることを念頭にコンテンツを考える

　現在、日本におけるコンテンツマーケティングといえば、検索エンジン最適化（SEO）を目的としたものが主流でした。そのため、「コンテンツマーケティングといえばテキストコンテンツ」という認識をもっている人がいるかもしれません。しかし、あらゆる情報が飛び交うこの時代に、テキストコンテンツだけではターゲットには思うようにアプローチできません。

　いま、最も注目度が高いコンテンツは、動画、写真、スライドをはじめとするビジュアル系コンテンツです。**ビジュアル系コンテンツには、「相手の興味を引きやすい」「コンセプトを伝えやすい」「印象に残りやすい」といった長所があります。何よりもソーシャルメディア上でシェアされやすいという点が強みになります。**

　ただ、ビジュアル系コンテンツは、動画、インフォグラフィックス、スライドなど制作に手間と時間がかかるため、テキストコンテンツのように頻繁に発信し、継続させていくことが容易ではありません。まずは無理をせず、ゆるやかなスケジュールを決めて、テキストコンテンツの合間に発信するなどして慣れることです。

　また、コンテンツマーケティングは、情報を発信したその瞬間よりも自社Webサイトにアーカイブしているコンテンツのほうが検索されやすいことがあります。たとえば、社長ブログや企業ブログがこれにあたります。自社に興味をもってくれそうな見込み客に向けて、コラム（テキスト）や動画による商品やサービスの面白い使い方などを定期的に更新していくことで、その社長の発言録や商品の使い方集などが蓄積されていきます。その情報アーカイブでユーザーを誘引し、自社のファンづくりなどに展開します。このとき、**ユーザーにとって「面白くてためになる情報」であること**と、その情報がどんなデバイスでも閲覧できる配慮も大切です。

テキストコンテンツだけではないコンテンツマーケティング

日本のコンテンツマーケティングはSEO業界が当初牽引したため、「テキストコンテンツ」を量産すること＝コンテンツマーケティングという誤解が生じている。

しかし、コンテンツマーケティングの真価が発揮されるのはデバイスやプラットフォームの特性に合わせた「コンテンツ」である。

つまりはソーシャルメディアやスマートフォンで思わず見てしまうコンテンツとは何かを考えるべきなのだ。

タッチポイントとなるデバイスの主な使用用途

使用用途
・検索＝リサーチ
・業務遂行、連絡
・暇つぶし

使用用途
・コミュニケーション
・暇つぶし
・娯楽鑑賞

PC・スマホ共に動画表現・ビジュアル表現にも適しており、特にスマホでのビジュアルコンテンツ（動画・写真・グラフィック）閲覧は急激に増加している。

テキスト	ビジュアルコンテンツ	動画

制作コスト／安い
制作時間／短時間

＝差別化しにくい

制作コスト／テキストより高い
制作時間／テキストより長時間

＝差別化できる

コラム & ニュース	写真 & グラフィック	バイラル系 動画
ブログ	インフォグラフィックス & データビジュアライゼーション	定期配信型 動画
メルマガ	インタラクティブ コンテンツ	ライブ動画 セミナー動画
プレスリリース メディア向け資料	スライド資料 & 電子書籍	ハウツー系 動画

35 インフォグラフィックスを活用する

企業がもつ数値データをグラフィック化して、独自のコンテンツを生み出す

インフォグラフィックスとは、「インフォメーション（情報）」と「グラフィックス（視覚表現）」を合わせた造語です。最近の用語に思われがちですが、インフォグラフィックス自体は以前から私たちはよく目にしています。たとえば、新聞・雑誌・教科書などで見かける図解やグラフ、地図などがそうです。**文字や数値を視覚化することで情報をわかりやすくしたもの、それがインフォグラフィックスということになります。**

このインフォグラフィックスをWebや動画などのマルチメディアに活用していこうというのが、近年のコンテンツマーケティングの流れです。

インフォグラフィックスの重要性が高まってきた背景には、〝ビッグデータ時代〟に突入したことがあります。大量のデータを分析し、それを「いかにわかりやすく伝えるか」を考えたとき、最もマッチするのがインフォグラフィクスだったのです。

インフォグラフィックスはコンテンツマーケティングだけでなく、広報領域でもその力を発揮します。たとえば、自社に関するデータやアンケート調査データをインフォグラフィクスにまとめて発信することで、これまで採用されたことがないメディアに掲載されたり、情報自体の面白さからソーシャルメディア上でクチコミされたりします。

それらを実現するうえで注力したいのが、**データがいかに「面白くてためになるか」を見る目を養うことです。自社のターゲットやメディアが「興味・共感・驚き・納得するような数値データとは何か？」を見出す力をつけることです。そのうえで、ユーザーに伝えたい情報をいかにひと目で見てわかるようにビジュアルを作ればいいかという企画力です。**

データ全体を見渡してその要点をシンプルにまとめあげていくスキルがインフォグラフィックスを扱ううえで大きなポイントになります。

いますぐデータをコンテンツ化していこう!

企業の中にあるデータをコンテンツ化する最適なビジュアルコンテンツ。
それが、「インフォグラフィックス」「データビジュアライゼーション」である。

コンテンツマーケティングの課題

- ●ネタがない／ネタが他社とかぶる
- ●差別化が難しい
- ●注目を集めることができない

インフォグラフィックス・データビジュアライゼーションで解決!

「トースト総研」より

- ●有効なWebコンテンツになる
- ●企業の中に必ずデータはある
- ●業界に関連するオープンデータは必ずある
- ●他社が実施できていない
- ●即効性とロングテール効果の両方が期待できる
- ●わかりにくいことを理解してもらいやすい
- ●国境を越えたコンテンツになる
- ●メディア向けのコンテンツにもなる

36 インフォグラフィックスの使い方

伝えたい内容を一目で理解してもらえる。テキストの補強やアイキャッチ、SEO対策などに活用できる

インフォグラフィックスを使った情報発信は増加傾向にありますが、一方で「目立てばいい」「面白ければいい」とばかりに、図に凝り過ぎて何を伝えたいのかがよくわからないインフォグラフィックスも増加しています。**"文字では表現しにくい情報をわかりやすく図で理解してもらうコンテンツ"** であるという基本を忘れないようにしましょう。

そうしたインフォグラフィックスの機能をより良く活用するには、コンテンツ制作を依頼する担当者と、作り手であるクリエイターが情報を精査して、ターゲットに届きやすい見せ方を考えることです。そのためには、「誰に」「何を」「どのように届けたいのか」というマーケティングの基本を関係者で共有することが大事になります。

そのうえで、以下に示すインフォグラフィックスの活用例を参考に、自分が取り組むコンテンツマーケティングにどのように活用できるかを想像しながら、作業を進めるとよいでしょう。

①テキストコンテンツの補強・解説としての活用

テキストだけでは理解が難しい内容や、長くて読むのが大変な文章などを、図解やグラフなどを用いて見ただけで概要が掴めるようにする。

②注意を引くアイキャッチとしての活用

Facebookで「いいね！」を多く獲得する、Twitterでたくさんリツイートをもらうといった目的にはインフォグラフィックスは相性がいいといえる。感動的なビジュアルであれば、それを見た人の印象に残るだけでなく、SNSならではの拡散が期待できるからだ。

③アーカイブ化でロングテールSEOを狙う

ロングテールSEOとは、特定のキーワードだけでなく、様々な関連キーワードで上位表示させ、ターゲットを取り込むことである。

インフォグラフィックスの例

インフォグラフィックスはWebマーケティングのほか、スライド資料、ポスター、動画、社内報や営業資料、プレスリリースやニュースコンテンツなど様々な用途で活用されている。

【ソーシャルメディアコンテンツとして活用】

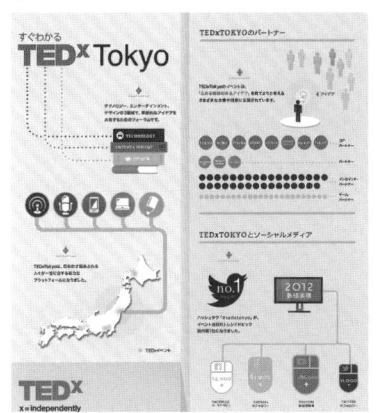

インフォグラフィックスの特徴はWeb上で発表すると、面白いものに関してはソーシャルメディアでどんどん波及していくことである。テキストに頼らなければ海外まで波及することもよくある。

●TED
日本国内でTEDの認知向上および、日本での活動を世界に向けて発信するために発表したインフォグラフィックス。日英の両方を制作

●東京都北区 – クリアフォルダに北区に関する数値をインフォグラフィックス化し、区民に配布した

●雑誌 – R-35（R-25増刊）
特集ページに調査データをわかりやすくインフォグラフィックス化し読者のアテンションを獲得

37 インフォグラフィックスに入れるもの

1つのインフォグラフィックスに盛り込む要素は3つ以内に留め、見る人が人に伝えたくなるようなコンテンツに注力する

インフォグラフィックスを作る際のコツは、1つのインフォグラフィックスに入れる要素を"最大3つ"までに絞ることです。

そのうえで大事なことは、見る人々が立ち止まって、「へえ」「なるほど」と感動してくれたり、「こんな面白いデータを見つけたよ！」「こんなの知ってる？」と人に伝えたくなったりするコンテンツに配慮することです。

データから重要なポイントが見つけられない場合は、極端に低い、あるいは高い値など数字の違和感や目立つ部分に着目します。あるいは、男女差、年齢差、地域差など、いくつかの数値を比較してみて、その差が意味することを考えます。

「みんなAだと思っていたら、実はBだった」のように、固定観念や先入観を覆すような数字が見つかると、とてもインパクトの強い、面白いインフォグラフィックスになります。たとえば、パンの消費量であれば、東京や大阪が高いのかと思いきや、以外にも京都が全国1位であったり、スマートフォン普及率が最も高いのは以外にも滋賀県であったりと、多くの人の「暗黙知」や「想定」「期待」を良い意味で裏切る数値に着目しましょう。

また、比喩や暗喩を用いるのも注意を引きつけるうえでは有効です。

たとえば、直接的な比喩であれば、ラーメンのカロリー比較をインフォグラフィックス化するとき、カロリー値を示す棒グラフを「ラーメンの麺」に置き換えてみる、想像を掻き立てる比喩であればカロリー値を世界の高い山々に喩えてみるなど、見ている人が楽しくなる比喩を使うとより強く印象に残ります。

インフォグラフィックス的図解の考え方

インフォグラフィックス制作の過程はデザイナーでなくとも学ぶべきことがたくさんある。中でも日頃からプレゼンテーションの機会が多いマーケターにとってはスライド資料の作成に必ず役立つはず。「情報整理→構成→図解表現」の流れは身につけておきたいスキルである。

【無駄な情報を排除し、分類する】

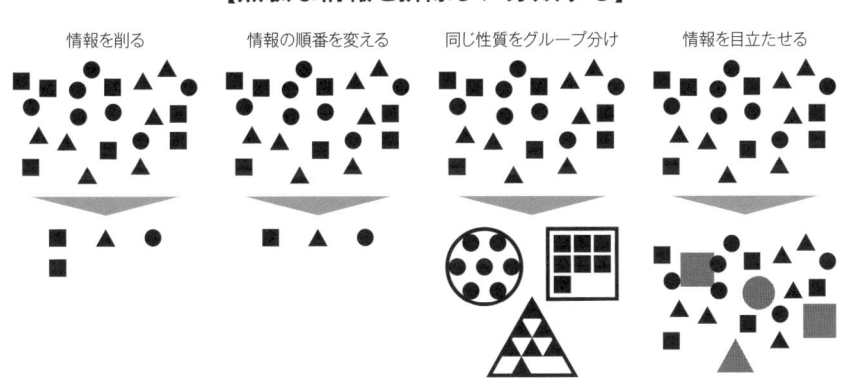

情報を削る　　情報の順番を変える　　同じ性質をグループ分け　　情報を目立たせる

【シンプルな表現を心がける】

意識して○と□と→だけで表現してみよう

ビジネスので場面では必ず「何を」、「どうするか?」があるはず。「何を」を○で、「結果」を□で表現し、→でその過程・方法を解説すれば、直感的でシンプルに理解してもらいやすい。

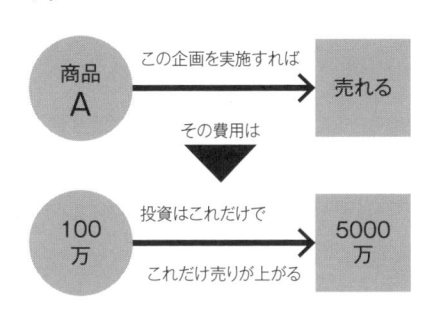

【暗黙知を利用する】

「暗黙知」とは、私たちが生きてきた期間に刷り込まれた共通の認識、共通の情報のこと。

たとえば、いくつかの四角と四角を矢印でつなげば流れや順番を示すことを暗黙知としてもっている。小さい円と大きな円を書いてそれを→でつなげば「拡大」や「成長」と理解する。多くの暗黙知を理解して利用しよう。

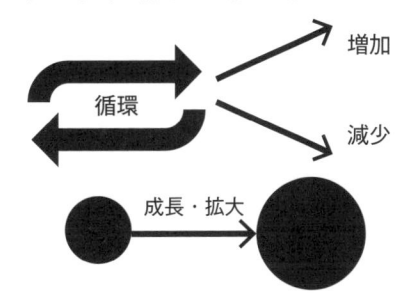

データ全体を「見える化」することで、ビッグデータを俯瞰的に見渡せる。見る人にデータの意味を解釈してもらう手法

データが編集されているのがインフォグラフィックスですが、データビジュアライゼーションは情報の取捨選択をすることなく、データ全体をビジュアル化して見せます。つまり、データから何を読み取るかは、見る人に委ねられます。

その長所は、データの取捨選択をしないことで、**全体を俯瞰して見ることができる点です。情報量が膨大なビッグデータを扱うときに有効です。そして、特にポイントとなるのが、扱うデータが大きいことを考慮して、スケールなどを正しく可視化することです。インタラクティブな表現でスケールや推移を操作して数値を読み取りやすくすることで、その価値が高まることです。**

また、人目を引くために見た目のこだわりはもちろん必要ですが、それよりも情報の正確性や客観性を優先させるようにします。

たとえば、「過去300年の世界人口の年次推移」というデータがあったとします。インフォグラフィックスの表現であれば「2011年に初めて世界人口が70億人を超えた」ということに注目させるために、そこを目立たせ、興味をもたせる工夫をします。

一方、データビジュアライゼーションは、300年間の推移そのものを見やすく興味を引きつけるように表現します。そこから何を読み取るかも、読み取る人の自由です。要するに、**データビジュアライゼーションは見る人自身に考えさせたいときに有効ということになります。**

こうした点からマーケティング分析、IR資料、経営状況、長期間の傾向を見るなど、いわゆるビッグデータをマクロ視点で見る、時にはミクロ視点で見ることが必要になるものについて、データビジュアライゼーションが適しています。

インフォグラフィックスとデータビジュアライゼーション

インフォグラフィックス		データビジュアライゼーション
データの中から特定の目線（編集）を入れてグラフィック表現する手法	定義	全データを網羅的に図解化する手法

©LOS ANGELES TOURISM & CONVENTION BOARD

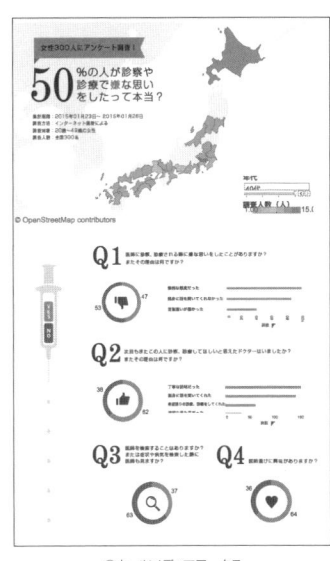

©カーツメディアワークス

「Hollywoodの映画経済」をわかりやすくビジュアル化	表現方法	17年の各国GDPをデータビジュアライゼーション
インフォグラフィックスは見せたいトピックスを制作側視点で抽出・構成する。この場合は、日米の映画スタジオの規模の比較を見せたいため、そのデータをグラフィック化。		データビジュアライゼーションはデータを見やすくするが基本的には見る人にその判断を委ねている。 この場合は1985年から2012年の各国のGDPデータを網羅的に表現している。
Web、リアルな印刷媒体、ソーシャルメディア、スライド資料、動画など	適した媒体	Web（特にPC）、動画、数値データメインのスライド資料
オウンドメディアコンテンツ ソーシャルメディアコンテンツ メディア向け広報型コンテンツ メディアの解説型コンテンツ 広告表現	活用方法	オウンドメディアでの注意喚起型コンテンツ オウンドメディアでのインタラクティブコンテンツ 経営資料／内部資料 メディアの解説型コンテンツ

39 Web動画を活用する

短時間で多くの情報が伝えられ、ソーシャルメディアとの相性がいい。ポイントは最初の5秒で訴求対象を掴むこと

動画型コンテンツマーケティングといえば、YouTubeが有名です。現在、YouTubeでは毎分300時間分を超える動画が世界中からアップロードされていると言われています。

これらに加えて、Facebook、Instagram、Vine、Snapchat、CCHANNELなどの動画アプリが充実してきました。これらに後押しされるかたちで、Web動画市場は今後さらに本格化が進むでしょう。

動画型コンテンツの魅力は、文章や画像だけでは伝わらないニュアンスを伝えやすいこと、そして、短時間で多くの情報を伝えられることです。 さらに、ソーシャルメディアとの相性の良さもあります。動画コンテンツは、テキストや写真、URLリンクなどのコンテンツに比べて、オーガニックリーチ（タイムラインへの表示のされやすさ）が高いことが調査からもわかっています。

ただし、制作にあたっては、予算が高くなりがちであること、チーム編成が必要なこと、企画力が求められることなどハードルの高い点もあります。予算面については、スマートフォン単体で撮影・編集することも不可能ではないので、場合によっては自社で低コストで作れるかもしれません。

動画コンテンツは1〜2分以内に収めるのが望ましく、特に冒頭の5秒が勝負になります。 これはYouTubeの場合、最初の5秒間動画が流れた後は、ユーザーが動画をスキップできる機能があるためです。つまり、冒頭の5秒で「見ていたくなる動画」にする必要があるのです。

Web動画の種類としては、CM、ショートムービー、セミナーや講演の動画、ライブ中継などがあります。

Web動画マーケティングの基本

バイラル系動画（注意喚起）

- 笑い、驚き、お涙モノなど様々なバイラル動画が存在するが、それらすべてはソーシャルメディア上で共有され、見た人の「注意を引く」「興味をもってもらう」ことが目的。
- 多額の予算をかければ世界中でヒットするバイラル動画を生み出せるかというとそうではなく、見る人の感情を動かす企画であるかどうかがキーポイント。

コマーシャル動画

- テレビのCMの延長と考えてもよい。YouTubeや動画枠などで繰り返し見てもらうことで、商品・サービスの記憶を促進し、ブランド想起、購買につなげていくことが目的。
- テレビCMと違う点はすぐにスキップされてしまう点。
- 最初の5秒間で心を掴めるかどうかがキーポイント。

解説型動画（HOW TO型）

- オウンドメディアなどで商品やサービスを紹介する動画。インフォグラフィックスやアニメーションで表現しているものが多い。
- すでに興味をもっている人がターゲットのため、「より深く理解してもらうにはどうすればよいか？」を考えることがキーポイント。

定期配信型動画

- YouTubeチャンネルやFacebookページなどを通じて定期的に動画コンテンツを公開していくタイプ。いわゆる番組であり、再訪を促したり、ファンを構築していくことが目的。
- 定期的に番組制作できるチーム体制と視聴者拡大戦略および予算の確保がキーポイント。

ライブ配信型

- ニコ生やUstream、Googleハングアウト、ツイキャス、Periscopeなどを使って現在の状況を伝えるライブ番組。
- セミナーや講演など、そのときしか見ることができないプレミアム感や期間限定を打ち出すことがキーポイント。

40 スライド資料やeBookを活用する

BtoB企業のマーケティングと相性が良い。情報を途中まで公開し、問い合わせにつなげるのがポイント

スライド資料やeBookも、コンテンツとして優れています。

まずスライド資料のメリットとしては、ビジュアルでわかりやすく情報を伝えられる点です。**動画は自動的に映像が流れていきますが、スライドはユーザーが自分のペースで見たり読んだりができるので、じっくり内容を見てもらいたいときに有効です。**

また、動画ほど制作コストがかからないことや、特別なソフトが必要ないこともメリットです。

特にBtoB企業とは相性が良いといえます。営業資料のように細かい文字の羅列を読ませなくても、必要な情報をスライドにまとめてしまえば、簡単にWeb上でプレゼンができるからです。ユーザーの理解を促進し、問い合わせの獲得につながるでしょう。

eBookのメリットとしては、スマートフォンやパソコンで気軽に本が読めることです。PDFファイルにさえしてしまえば、ダウンロードも容易です。他のコンテンツでは表現しきれない詳しい内容を伝えたり、専門的な情報を解説したりするときに活用したいコンテンツです。

スライド資料やeBookをコンテンツ化するときのポイントとしては、情報を全部公開してしまわないで途中までに留め、詳細を見たい場合は問い合わせするようにユーザーを誘導することです。

問い合わせの入力フォームに顧客情報を記入してもらい、続きの資料をダウンロードできるようにします。すると、その顧客情報をもって、その後のeメールマーケティングにつなげられます。問い合わせをしてくるということは、自社に興味をもってくれているということなので、顧客になってくれる可能性は高まります。

スライド資料活用の例

「SlideShare」を活用する

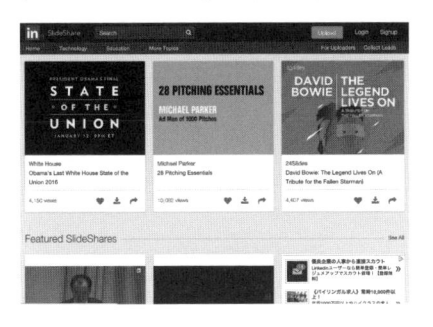

全世界から様々なスライド資料がアップロードされるスライド資料プラットフォーム。スライド資料がいつ、どの地域から、どれほど見られたのか、など分析ツールを使うことができる。

アップロードした資料のEmbedコードをWebに貼り付けることで簡単に資料を公開することができる。

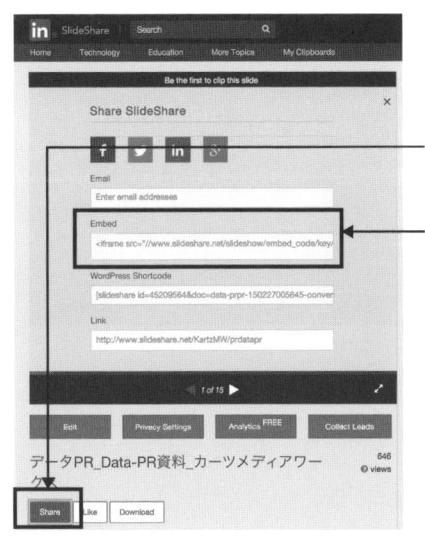

データPR_Data-PR資料_カーツメディアワーク

【SlideShareにアップロードした資料を貼り付ける方法】

①アップロードしたスライド資料を表示した状態で「Share」をクリック

②スライド資料から左記のような画面に変わるので「Embed」のソースコードをコピーして認知の場所に貼り付ける

SlideShare「リード（見込み客）獲得の新サービス」

まだ日本では公開されてないがSlideShareでは、資料をダウンロードするフォームと問い合わせ管理が可能な「Collect Leads」という機能がスタートしている。これを使えば、資料に興味がありダウンロードした個人をリスト化することが容易になる。

41 プロモーションを仕掛ける

Webコンテンツは拡散に優れたSNSを中心に、定期的に情報をアップしていく。メディアへのプレスリリースも忘れずに行う

立派なコンテンツを作ってWebにアップしても、そのままでは誰も見てくれません。やはりコンテンツを見てもらえるような工夫や努力、つまりプロモーション活動が必要です。

プロモーション活動に最も有効なのは、拡散力に優れているソーシャルメディアです。FacebookやTwitter、Instagramの3つは無視できません。

ソーシャルメディア戦略については、第4章で詳しく解説しますが、軽くさわりだけ言っておくと、Webコンテンツは作ったら必ずソーシャルメディアに投稿し、ターゲットにリーチすることが大事です。そして、1回きりの投稿で終わらず、定期的に情報をアップするようにします。投稿を続けることで、少しずつでもファンやフォロワーが増えていきます。

日々、投稿を続けるためには、ソーシャルメディア専任チームを作っておくといいでしょう。

次に、メディアに対してのプロモーションも行います。動画やインフォグラフィックス、データビジュアライゼーションなどのコンテンツは、メディアにとっても掲載したい情報になる可能性が高いので、作ったら必ずメディアに向けてプレスリリースをしましょう。もし掲載してくれるメディアが出てきたら、しめたものです。

後は、最近はやりのネイティブ広告（記事と広告を自然に溶け込ませ、ユーザーにストレスを与えず情報を届ける）を活用し、コンテンツを宣伝する方法もあります。各Webメディアもネイティブ広告メニューを充実させていますし、Yahoo!コンテンツディスカバリー、アウトブレインといった配信型サービスも人気です。

コンテンツマーケティング成功のポイント

コンテンツマーケティングでは、「何か」を伝え、「何か」に興味をもってもらうためにコンテンツは存在することを忘れず、しっかりと「コンテンツを広げる施策」にもアンテナを立てよう。「コンテンツ」は誰かに見てもらえなければタダの落書きと同じ。

施策単体ではなく、全体を考えて実施することが「コンテンツマーケティング」

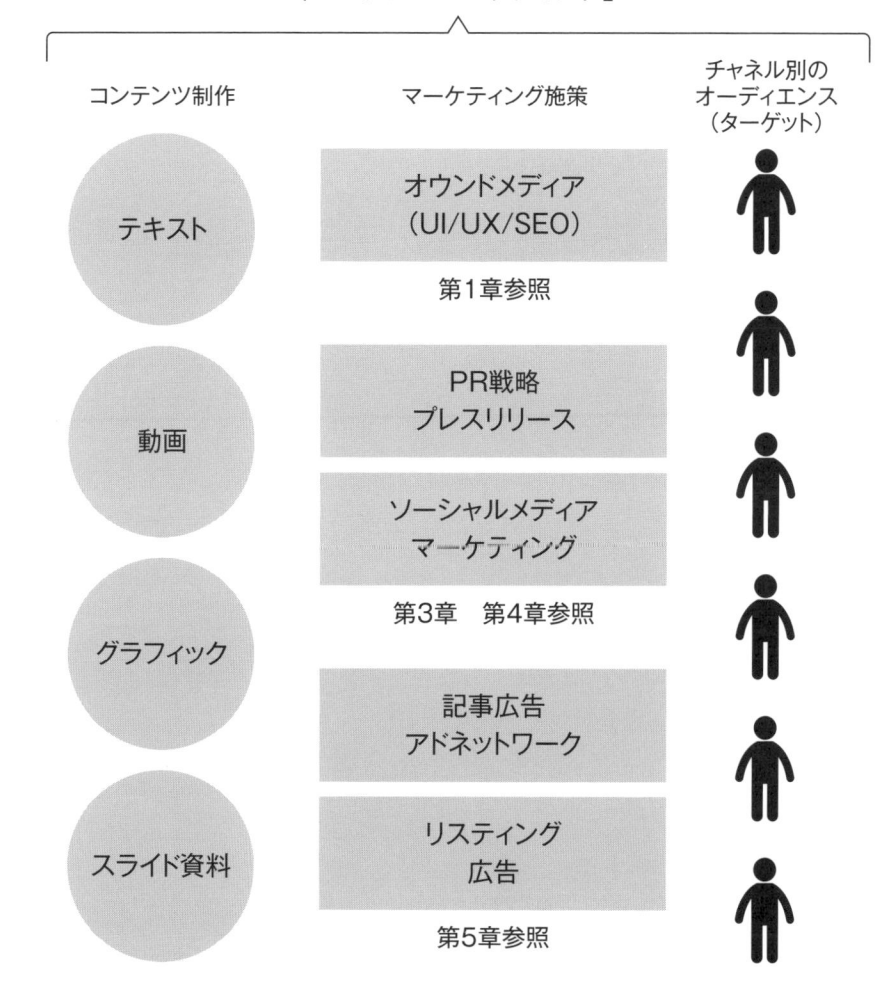

コンテンツマーケティングのチェックポイント

☐ コンテンツマーケティングを実施することが目的となっていないか?

☐ コンテンツマーケティングで達成したい目的を明確にしているか?

☐ キャンペーンや短期的な利益拡大、一過性の効果だけを考えていないか?

☐ コンテンツマーケティングは、企業、ブランド、商品、サービスのファンを増加させ、ファンの基盤（ファンベース）を長期的に作り上げていくことだと認識しているか?

☐ タイトルや小見出しに「検索してもらいたいキーワード」を入れて記事を作成しているか?

☐ SEOだけを目的としたテキストコンテンツの発信にしていないか?

☐ 継続的にコンテンツを発信するチーム体制になっているか?

☐ 編集会議（ネタ会議）、反省会、ネタ出しシートなどツールや仕組みを作っているか?

☐ テキストコンテンツだけでコンテンツマーケティングを考えていないか?

☐ ビジュアルコンテンツを制作する仕組みや協力会社との関係は構築できているか?

☐ 自社製品・サービスのことばかりを発信していないか?

☐ ユーザーの立場となって考えたとき、自社で発信しているコンテンツを楽しめるか?

☐ コンテンツを作ることが目的となり、コンテンツを広げることを忘れていないか?

☐ ソーシャルメディアとの連携、広報との連携ができているか?

☐ 広報（PR）で打ち出していきたいキーワードやネタを自社コンテンツでもしっかりと発信できているか?　また、オウンドメディアで発信していきたいことを広報活動を通じてメディアに発信できているか?

☐ PV・UUに加えて、1記事あたりの滞在時間、ソーシャルメディアスコアをチェックしているか?

☐ 人気記事の分析（なぜ人気なのか?　なぜ読まれるのか?）と不人気記事の差が何かを見つけ出すことはできるか?

第3章

アーンドメディア戦略の
基本と実践［PR編］

42 アーンドメディア戦略を成功させる条件

第三者のブログやソーシャルメディアなど、自社ではコントロールできないクチコミ媒体の活用

　アーンドメディア（erned media）は、第三者のブログやソーシャルメディアなど、自社ではコントロールできないクチコミ媒体のことです。第三者による情報である特性上、その情報に共感してくれれば、効果的なマーケティングツールとなります。

　いわば、Webマーケティングが登場する前のテレビ・ラジオ・新聞・雑誌などのメディアを活用した広報戦略と捉えれば、わかりやすいでしょう。かつて広報戦略は、第三者による評価ということで、広告とは違った情報の信頼性が醸成されるため、企業のコミュニケーション活動の中でもとりわけ重視された施策でした。

　Webマーケティングでも同様に、広報的なクチコミとして期待できるため、アーンドメディア戦略は顧客をファン化する意味でも位置づけを高くして、以下に示すような取り組みが望まれます。

①広報戦略/PR戦略

　マスメディアに取り上げてもらうには、新たなブームやトレンドを起こすような期待の高い話題を提供する姿勢が求められます。

②ソーシャルメディア戦略

　自社にとって影響力のあるソーシャルメディアを探索し、どんなアプローチをかけるかを戦略的に策定します。

③クチコミ＆レビュー

　アマゾンや楽天、AppStoreなどのeショップでの商品レビュー、カカクコムなどの比較サイトのレビューは、購入決定に大きく影響しています。こうした他者評価がされるサイトをどのように活用するか、また、多くの人に影響力のあるパワーブロガーへのアプローチなどもアーンドメディア戦略上必須の施策となります。

アーンドメディア戦略の基本的な考え方

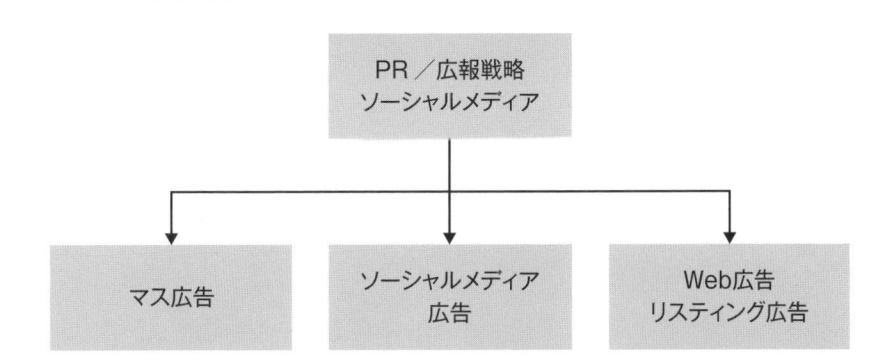

軸となるマーケティング戦略テーマ
およびキーメッセージとは？

アーンドメディア（マスメディアおよびソーシャルメディア）で
次の3点について考える

①どんな「取り上げられ方」が望ましいのか？
②そのために「どんな材料」が必要なのか？
③それら材料の準備、実行には「予算と時間」はどれくらい必要なのか？

PRでは難しい獲得系や
長期的なイメージ訴求を広告分野で補完する
という考えからメディアプランをまとめる

PR／広報戦略
ソーシャルメディア

マス広告

ソーシャルメディア
広告

Web広告
リスティング広告

それぞれの広告クリエイティブについて
PRの材料となるキーワードをもとに
媒体ごとの広告クリエイティブを考える

43 アーンドメディアを活用する ストーリーマーケティング

顧客は商品・サービスの機能だけでなく、それにまつわる「ストーリー（物語）」を買う

　人が物やサービスを購入するときには、必ず「検討」のステップが入ります。検討のときに手掛かりにするのは、"評判"や"信頼性"です。

　機能優先の商品やサービスでは、直接その機能の効用を訴求することが大事ですが、競合があるような場合では機能だけでなく、その商品やサービスにまつわる世界観が購入動機の条件として大きなウエイトを占めることがあります。

　特に、**ブランド構築においては世界観をいかに作るかが成功のカギを握りますが、その世界観を作るマーケティング手法が「ストーリーマーケティング」です。**

　とりわけ、広報戦略はブランディング活動には欠かせることはできません。なぜなら、ストーリーは自分で語ると何の信頼性もありませんが、第三者の立場であるメディアがストーリーや噂を語りだすと信頼度が上がることでファンが引き寄せられていきます。

　ストーリーマーケティングで特筆すべき企業が、アップルです。「こんな物語を書いてくれ」とアップルが依頼していないにもかかわらず、以前から世界中のメディアがアップルの様々な物語を報じます。アップル創業物語、スティーブ・ジョブズの伝説的な起業家人生、禅とデザイン、CMや広告のこだわり——。これらすべて、同社が自ら語ったものではなく、第三者の立場であるメディアが語り、それを見た人がまた違う人に伝え、世界中にアップル信奉者が生まれていきました。

　ブランド価値とは、商品やサービスが高品質でありさえすれば高くなるということではありません。人に語りたくなるような『物語』も重要なのです。メディアが報じたくなるストーリーを用意して、ターゲットとなるメディアやファンを引き寄せていきましょう。

PR戦略は「商品・サービス・会社」のストーリーづくり

記者、ディレクター、ライターは、他社ではやっていない「内容」を「誰よりも早く」「濃い内容」で伝えたいと思っている。PR戦略を構築するうえでそのような作り手のニーズを無視してはいけない。

ストレートニュース／ベタ記事／第一報

目を引く新商品・新サービス情報であれば掲載につながりやすい

しかし、新商品・新サービスは常にあるものではない

PR戦略は「ストーリー」。1つ1つのネタ作りに専念する

PR戦略を構築するうえで必要な要素は次の6点。
これらを参考に自社製品・サービスの物語を考えよう

①**時事性**…「今」「季節」「トレンド」と絡ませることはできないか？
②**意外性**…「面白い」というのは「常識の外」にある。そのネタは当たり前ではないか？
③**視認性**…「目を引く」ビジュアルや動画は消費者にとってわかりやすいか？
④**未来性**…その商品・サービスによって「近い将来」「遠い将来」どうなるのか？
⑤**信頼性**…専門家／教授、エビデンス、数値データ。その情報は信頼に値するのか？
⑥**社会性**…「社会の動き」「マクロ情報」と「自社」を掛けあわせて考えているか？

極大化・極小化
10億円のウエディングドレス
300万円のウイスキー
ダイヤモンドを無料配布

時間軸をずらす
朝婚活／朝飲み
昼シャンパン
夜活

正反対を合わせる
写経OL
歴女
ハイブリッド立ち飲み

トレンドに合わせる
○○女子会
○○女子／○○男子
おひとりさま

キーワードを生み出す
デジタルデトックス
ミニマリスト○○

定番化
今年の漢字
理想の上司

44 戦略ロードマップを策定する

3C分析やポジショニングなどを実施して、顧客起点でのコミュニケーション戦略を策定する

Webマーケティングにおける広報戦略のゴールは、"商品を売るためにメディアに掲載されること"だけにとらわれず、"アーンドメディアを通じて、ブランドを生み出すこと"を念頭におくことが大切です。

企業のコミュニケーション活動において、ユーザーとのタッチポイントとなるメディアは、マス4媒体や街頭広告、交通広告などに加えて、デジタルメディアの割合が急速に高くなってきています。

また、**企業側がコントロールできる広告よりも、ユーザー自身が好き嫌いを評価し、良いと思ったら他者にもお薦めしてくれる広報による情報のほうが受容度が高いことがわかっています**。特に、顧客をファン化するブランド戦略においては、広報的な情報拡散が効果的であることもわかっています。

ですから、広報は広告の付随的な扱いではなく、信頼度や信用度を高める戦略的な活動としての認識がとても重要になっています。つまり、企業のコミュニケーション活動としての戦略の一翼を担っているということです。

そしてWebメディアの技術開発が急進展している現在、広報戦略の中でいかにWebを有効活用できるかが、これまで以上に大きな成功ポイントになっています。

さて、広報を戦略として展開するには、まずは「ロードマップ」を描くことからスタートします。顧客やユーザーとのコミュニケーションの理想的なあり方を想定し、3C分析やポジショニングを行い、実施プロセスをプランニングします。その中で、Webメディアの活用、マス媒体などの従来型メディアの活用、さらには、ペイドメディアによる相乗効果の醸成などを固めていきます。

PR戦略ロードマップの例

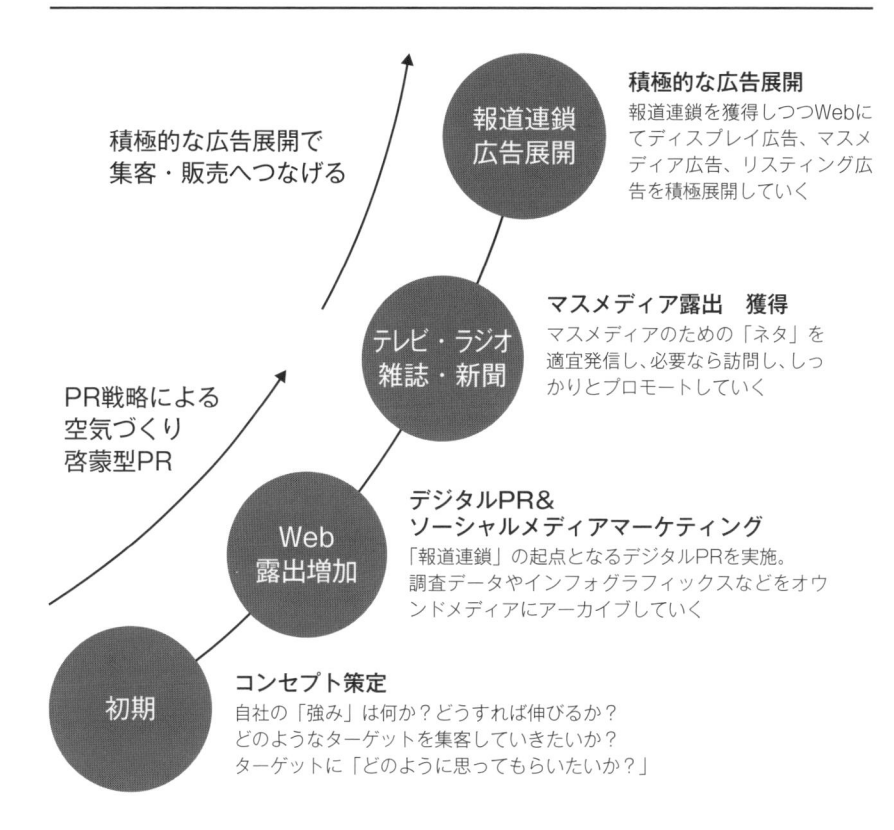

積極的な広告展開で
集客・販売へつなげる

積極的な広告展開
報道連鎖を獲得しつつWebに
てディスプレイ広告、マスメ
ディア広告、リスティング広
告を積極展開していく

報道連鎖
広告展開

PR戦略による
空気づくり
啓蒙型PR

テレビ・ラジオ
雑誌・新聞

マスメディア露出　獲得
マスメディアのための「ネタ」を
適宜発信し、必要なら訪問し、しっ
かりとプロモートしていく

Web
露出増加

**デジタルPR&
ソーシャルメディアマーケティング**
「報道連鎖」の起点となるデジタルPRを実施。
調査データやインフォグラフィックスなどをオウ
ンドメディアにアーカイブしていく

初期

コンセプト策定
自社の「強み」は何か？どうすれば伸びるか？
どのようなターゲットを集客していきたいか？
ターゲットに「どのように思ってもらいたいか？」

●サントリーが展開したWebPR●

「ハイボール」はいまでは若者が居酒屋で当たり前に飲む。しかし、10年以上
前は、「おじさん」しか飲まず、ウイスキー自体も年々消費量が落ちていた。
そこで展開されたのが、ハイボールを起点としてウイスキーそのもののター
ゲットを「おじさん」から「若者」向けに展開していくポジショニングチェン
ジ戦略だった。
当時としては珍しく、積極的なWebPRを行い、さらにテレビ、雑誌にて「シ
ングルモルト」や「ハイボール」などのキーワードや、「かっこいいイメージ」
を発信できるよう様々な切り口を展開した。その後、女優・小雪さんを起用し
たCMやトリスウイスキーで吉高由里子さんを起用し、20代〜40代を中心と
したポジショニングチェンジに成功した。

45 報道連鎖を生み出す

ニュースネタになるように、ストーリーマーケティングの手法など
を活用して、素材を興味深いものになるよう加工する

報道連鎖とは「報道」が「報道」生み出し、情報伝播が好サイクルに
なることをいいます。そのためにはまず、情報伝播のスピードに注目し
ます。

まず、情報発信源から直接ユーザーに届く1次媒体としてWebがあ
ります。ニュースやトレンドは、Twitterで呟かれたり、Facebookに投
稿されたりして、人々の間に一気に広まります。事件、事故、政治ネタ
は既存マスメディアが強いですが、**企業情報やトレンドネタはWeb発
信の伝播力が強力です。**

次に、2次媒体としての新聞です。新聞記者は独自取材により報道を
行うのが基本ですが、ソーシャルメディアなど世間で話題になっている
情報を取り上げることもあります。

その他の2次媒体としては、テレビやラジオ、雑誌があります。最近
これらの媒体はWebからネタを集めて、企画や特集を組むことが増え
ました。制作や編集が外部への依存を増しているという事情もあるので
しょうか、ネタ集めをネットに頼っている様子がうかがえます。

**報道連鎖を起こすには、ニュースの起点となるメディア、もしくはイ
ンフルエンサーに火を点けるのが最も有効的な方法です。**その事情を勘
案し、オウンドメディア、Webニュースメディア、ソーシャルメディ
アに情報提供したりアーカイブしたりして、メディア側に検索してもら
う環境を作ります。

現在のマスメディアの現場では、他のメディアからヒントを得ること
が多く、特にテレビ業界ではその傾向が顕著です。そこで、テレビネタ
になるように、前述したストーリーマーケティングなどの手法を活用す
るなどして、報道ネタとして採用されやすい情報に加工しておきます。

メディアがメディアを呼ぶ報道連鎖

「同じようなネタをほかでも見たなあ」「これ、ほかの雑誌で特集されていたよね？」テレビや雑誌をながめていてそのようなことに気がついた人はいるだろうか？
特に朝・昼の情報番組を見ていると数日空けて同じネタを取り上げていることもよくある。これは「報道連鎖」と呼ばれる現象である。メディアは他のメディアを見て、「自社の媒体でもネタとしてできないか？」を模索している。視聴者や読者にとって有効な情報に限った話だ。

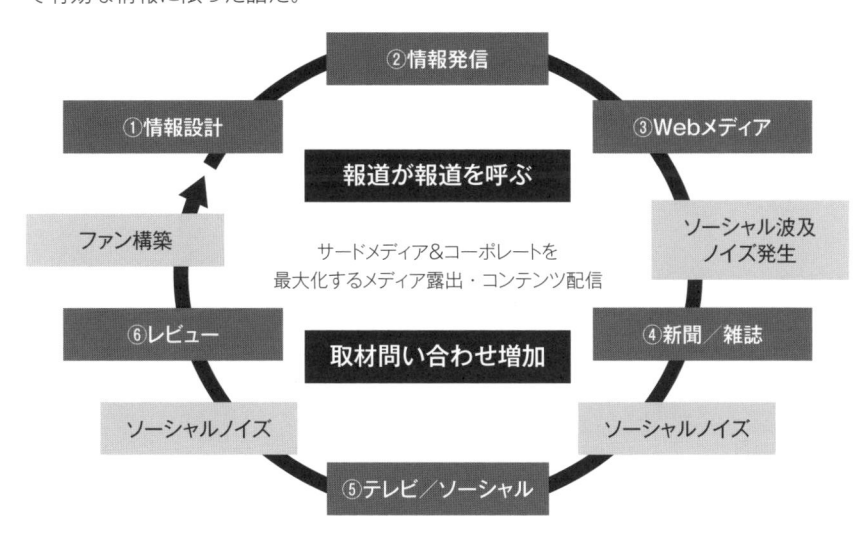

「報道連鎖」のイメージは「坂を転がる雪玉」

報道連鎖は、最初はゆっくりだが、一度スピードに乗ると、どんどん話題や報道が大きくなる。

「報道連鎖」を生み出すには

①まず「何を報道連鎖させるのか？」を間違うと上手く回らない。世の中の「トレンドの先」を読んで情報設計する。

②および③情報をどこから広げていけばいいのか？　まずはWebメディアから攻略するようにする。Webで話題を呼べば、ソーシャルメディア上でもクチコミされやすい。

④Web上で話題が広がった次は、紙媒体掲載を狙う。テレビ媒体は新聞、雑誌からネタを拾うことが多い。

⑤新聞・雑誌で多く掲載されれば、テレビの目にも止まりやすい。1番組で放送されると立て続けに他の番組からも問い合わせが入る。

⑥テレビで放送されれば、Yahoo！検索ランキングやソーシャルメディア上で話題となり、さらなるメディアからの問い合わせが相次ぐ。

46 イノベーター理論を使って情報設計する

情報拡散の起点になる人たちに向けて、報道価値が高まるように情報の元（ネタ）をよく吟味し、発信内容を固める

　広報戦略／PR戦略を組み立てる際に、報道が報道を呼ぶ「報道連鎖」やブームを生み出すことは広報にとって1つの目標です。しかし、やみくもにプレスリリースを送信したところで報道連鎖やブームが生まれるわけではありません。**まずは「どんなネタがヒットするのか？」を想定したネタ元のストーリーを生み出し、次にまず最初にどこに取り上げてもらうべきなのかを考えましょう。**そのとき、プレスリリース以外に、報道資料やインフォグラフィックス、動画など多彩なアプローチ方法を準備しておきましょう。

　「ブームの仕掛け」という視点であれば、以下に示すようなことが考えられます。

●ブームの火付け役になるメディア（人）

　コラムニストや特定の分野に強いジャーナリストなど業界動向に詳しく、最前線で取材をしている人、または業界特化型メディア。しかし昨今は、雑誌メディア発の「トレンドキーワード」が生まれにくくなっている。その一方で、Webメディアやソーシャルメディア発のキーワードやトレンドからの報道連鎖が増加している。

●ブームの兆しをとらえることが上手なメディア

　Webニュースメディア。業界ごとのWebニュースメディアはトレンドを拾い上げるのが早い。また、週刊誌も流行の兆しを掴み、特集を組むことがよくある。一般紙は事件・事故・政治などは早いが、トレンドネタは比較的遅い傾向がある。

●ブームになってから取り上げるメディア

　代表格はテレビだが、テレビ発のブームもある。特にグルメ系情報などはどこにも取り上げられていないお店を特集し、火がつくこともある。

イノベーター理論を広報／ PR戦略に当てはめる

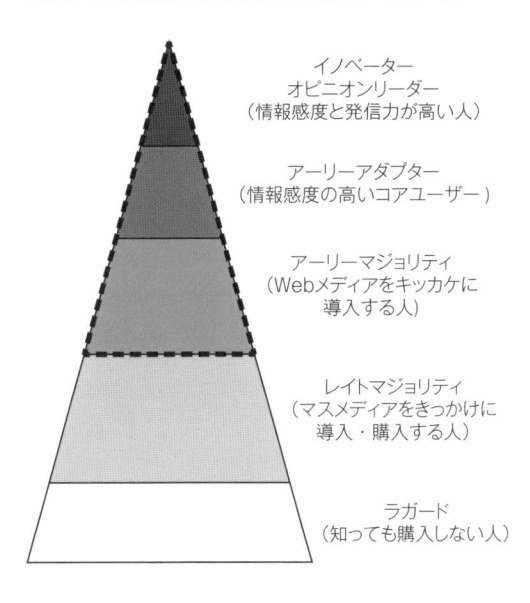

- イノベーター
  オピニオンリーダー
  （情報感度と発信力が高い人）
- アーリーアダプター
  （情報感度の高いコアユーザー ）
- アーリーマジョリティ
  （Webメディアをキッカケに
  導入する人）
- レイトマジョリティ
  （マスメディアをきっかけに
  導入・購入する人）
- ラガード
  （知っても購入しない人）

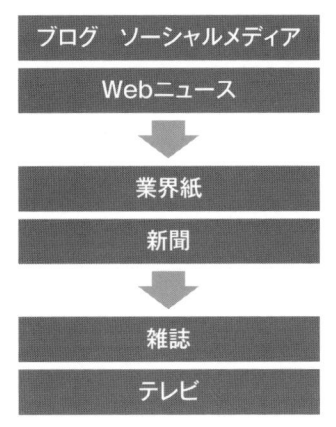

ブログ　ソーシャルメディア

Webニュース

業界紙

新聞

雑誌

テレビ

考えるべきこと

コアターゲットは誰なのか？
その中のインフルエンサーは誰なのか？
ターゲットの背中を押すのは誰なのか？

「Webメディア」媒体

- 第1次メディアとなったWebニュース媒体
- 業界内のトレンドの発端となる影響力をもっているインフルエンサー
- Webニュースは半永久的に残り、キーワードで引っかかりやすい

↓

ポータルサイトからマスへニュース波及

↓

スマホおよびポータルニュースへの掲載

- すでにマスメディアと化したポータルのメディア力
- 20代〜40代が中心　男性、女性
- メディアに従事している人（ニュース閲覧＋検索）

↓

さらに、ソーシャルメディアへの波及

↓

「個」のメディア波及→バイラルループ

- ニュースに対してコメントをつぶやく（Twitter/Facebook）
- ソーシャルメディアでの情報拡散
- ソーシャルメディアの話題をさらにマスメディアがピックアップ

●広報型イノベーター理論の注意点

- 感度の高い人は、何も最先端ばかりを追っているわけでも、ソーシャルメディアを利用しているわけでもない。
- 業界、年齢、関心（趣味）で分割されたクラスタごとにトレンドは生み出され、それを伝播するための時間がソーシャルメディアやマスメディアを使っていないと長い時間を要することになる。
- クラスタごとのトレンドをマスメディアが報じ続ければ、全国的なブームとなる傾向が高い。
- たとえば、「日本舞踊」の大先生の名前を一般の人があまり知ることはないが、日本全国の「日本舞踊」界ではその名前を知らない人はおらず、その人が勧める着物や小物などは大ヒットしている。

47 メディアインバウンド戦略を仕掛ける

「メディアが報じたいと思うネタは何か?」——メディアのリサーチに対応する情報を検索で見つけやすくする施策

メディアインバウンド戦略とは、「企画やネタを探している」状況でリサーチしているメディア従事者に「引っかかる」情報を提供していくことです。

報道関係者の最大のモチベーションとなるのは「報じられていない良いネタ」を「どこよりも早く報じる」ことです。いわゆる「特ダネ」です。記者やディレクターは、自分が書いた記事や担当した番組の評判が良いと評価にもなりますし、何より「自分で見つけたネタ」を「良いアウトプット」にできたときの快感は金銭や評判に代えがたいものがあります。メディアインバウンド戦略は、このメディア従事者のモチベーションを最大限利用します。

ただし、通常の広報業務のようにプレスリリースを送り、訪問してプレゼンテーションするのではなく、「インターネット上に情報をアーカイブ」していきます。メディア従事者は広報やPR会社から送りつけられた情報ではなく、自ら探索した情報により価値を見出すため、記者やライターが自ら見つける仕掛けを施します。ここではその代表的な方法を2つ紹介します。

①ネタになりそうな情報をサードメディアなどにアーカイブ

アンケート調査情報、インフォグラフィックス、取材対象者情報、インフルエンサー情報などを自社のオウンドメディアやサードメディアにアーカイブしていく。

②アーカイブをプレスリリース配信しWebニュースメディアに掲載

Google検索でひっかかりやすくするために、アーカイブしたネタをプレスリリースとして発信する。

メディアインバウンド戦略の基本

- ●メディア業界の「ネタ探し」＝「リサーチ」は、大切な業務。毎日コンテンツを作る制作サイドにとって、このリサーチ業務は専門職があるほど重要な仕事である。
- ●ネットが普及する以前までは、リサーチ業務は「記者」が足で「ネタ」を探し、他紙や他番組などもくまなくチェックしていた。しかし、ネット検索が普通になった現在、メディアからの取材を増やすために最優先させる仕事が、Webでの露出を高めていくことである。

①デジタルPRを実践して「Webメディア」へ露出する

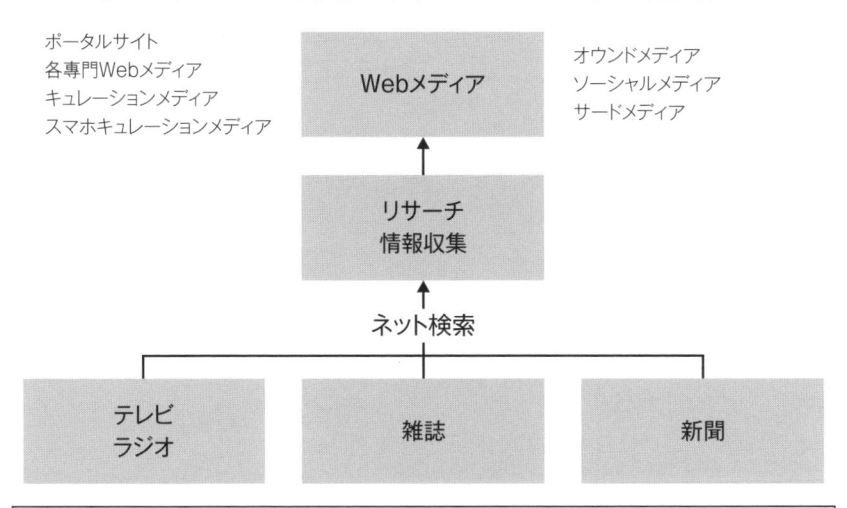

メディアがネタを探しているときは「ある特定の企画のために」のためにリサーチをするか「企画の種」を見つけるためにリサーチをする。
ネット検索でキーワードを入れて上位に来るのは、「Webニュース」が上位に上がる傾向があり、そのニュースソースをたどって、自社サイト（オウンドメディア）にやってくる傾向が多い。

②オウンドメディアにメディアリサーチに対応したコンテンツを充実させる

様々なWebニュースに露出を高め、その情報に対応したコンテンツ（プレスリリースや調査情報、自社商品／サービス／人物情報）をオウンドメディアに充実させておく。

48 アンケート調査型 プレスリリースを活用する

バレンタインや夏休みなど季節性のイベントに合わせた消費者調査の結果をコンテンツ化し、ニュース素材として発信する

メディアとの継続的な連携を図るには、定期的な情報発信が欠かせません。ただ、そうは言っても、新商品や新サービス、イベント情報などは非定期で生まれるものが通例ですから、新たな情報を毎月発信することは容易ではありません。

しかし、「アンケート調査型プレスリリース」なら、発信側がスケジュール管理をしながら、定期的に送付が可能です。

アンケート調査型プレスリリースとは、たとえば、バレンタイン時に「一緒にデートしたい芸能人は？」などや、「月間ソーシャルメディア利用調査」といった、一般消費者に対して自社商品・サービスと関連するイメージ調査や実態調査をして、それをメディア掲載につなげていくという広報テクニックです。バレンタインや夏休みなど季節ごとのイベントに合わせて、「○○社調べ」などの調査実施社のクレジットが入ったニュース記事はよく報道機関に採用されています。

このテクニックの実施ポイントは、以下のようなことがあります。

①**狙うメディアはどこなのか**（エンタメ系・ゴシップ系・硬派系など、それぞれのジャンルに合わせて、相手が欲しがりそうな情報を集める）

②**季節性のキーワード**（季節のキーワード：クリスマス、バレンタインデーなどと絡めた調査企画を実施する）

③**ときには冒険も大事**（10問に1つはエッジの効いた質問を入れるなど、違和感を作り出す工夫をする。意外な結果が得られれば、面白いプレスリリースができる。ダメもとで質問してみることも重要）

このような調査をオウンドメディア上にアーカイブしていけば、前述したメディアインバウンド（メディアリサーチ対応／取材問い合わせ）にもつながります。

アンケート調査型プレスリリースの基本

●一般的な調査型PRの例

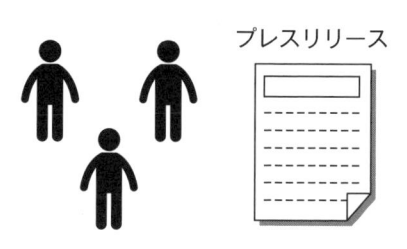

プレスリリース

自社のサービスや商品に関連したキーワードをテーマに
インターネット調査　→　調査型プレスリリース配信

調査テーマ

・自社でしか調査できないこと
・業界に特化した調査
・身近だけどこれまでなかったテーマ
・季節性のあるキーワード

エンタメ系媒体への掲載を狙うために

・話題の芸能人を絡める
・「あるある」「究極の選択」方
　式のエンタメ要素を強くする
・インフォグラフィックス

●アンケート調査のポイント

アンケートは「選択式」を中心にする

> インターネット調査を行う場合、回答者が答えやすい設問設計することが重要
> である。フリー回答は面倒であり回答率も下がってしまうため、選択方式中心
> に行う。

様々なクロス集計から「ネタ」に工夫を加える

> 調査データが完了したら、その中から何が「ネタ」になるのかを見つけるスキ
> ルを磨く必要がある。出てきた答えをそのままプレスリリースにするのではな
> く、男女別、年齢別、地域別、などデータを比較・分析して記者・編集者の興
> 味を刺激する内容に工夫する。

海外にも調査データを発信する

> 日本の業界をマクロ視点で調べた調査データは海外メディアにとっても有効だ。
> 配信を日本だけに留まらず、海外メディアにも積極的に展開する。海外メディ
> アの場合、インフォグラフィックスになっていればさらに掲載確度は上がる。

49 アンケート調査型プレスリリースをアーカイブする

「あのテーマの情報ならあの会社のWebサイトが充実している」
と想起できるアーカイブ化を目指す

たとえば、手帳メーカーが手帳の使用頻度、手帳とデジタルツールとの使い分け、手帳のヘビーユーザーとしてイメージできる著名人といった、自社の事業に絡めたユーザー調査を集計・分析して発表するアンケート型プレスリリースを継続的に発信し、それを自社のWebサイトに蓄積することでメディアからの問い合わせを誘導する施策が「メディアインバウンド」です。

広報には、プレスリリースをメディアに発信する「アウトバウンドマーケティング」と、メディアが情報を求めてやって来る「インバウンドマーケティング」の両面の考え方があり、双方ともに広報の仕事として重要です。

このうち、**インバウンドマーケティングとしてのアンケート調査型プレスリリースのアーカイブ化において、分析結果をコラムなどの読み物としておくと、よりニュースネタとしての価値が高まります**。コラムだけではなく、ストーリーマーケティングを仕掛けることも情報の加工の仕方によっては可能です。

さらには、**調査結果をインフォグラフィックス化しておくのも、拡散させるうえで考慮しておく必要があるでしょう**。インフォグラフィックスも自社Webサイトなどのオウンドメディアにアーカイブしていき、それを自社のソーシャルメディアで発信すれば、メディアだけでなく広く一般にも拡散させることができます。

メディアの使命は世の中に役立つ情報をタイムリーに適切に届けることです。そのために、あらゆる情報源にアンテナを張っています。そうしたメディアのニーズに適った情報をアーカイブ化することがマーケティング効果を高める方策となるのです。

調査データをフル活用するメディアインバウンド施策

調査型プレスリリースをメディアに発信しただけでは一過性で終わってしまうが、メディアの日々のリサーチに応えるコンテンツとしてオウンドメディアやサードメディアにアーカイブしておけば、問い合わせにつながる確率が上がる。

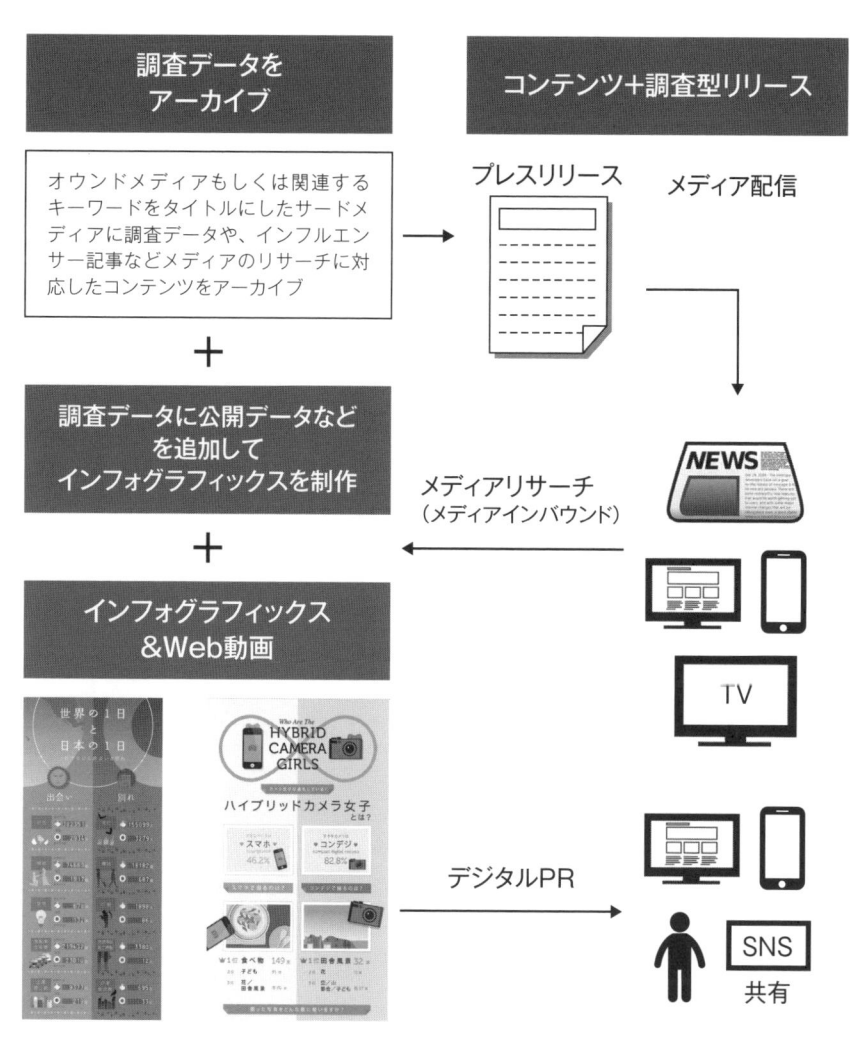

その他、人物プロフィールやコラム、写真など多彩な流入ポイントおよびメディアの問い合わせポイントをつくる。

50 メディアアプローチのコツ

広報媒体としての特徴や読者層などを整理し、担当記者や編集者を事前に調べてアプローチをかける

媒体者側への接触策、いわゆる「メディアアプローチ」では、各メディアの特徴や、どんな視聴者・読者が見ているかを整理して把握することは大前提です。そのうえで、**誰が記事を書いているのか、誰が記事の採用権をもっているのかを把握します**。

企業の広報担当者の場合、協力関係を築けるメディア側の担当者を3人は知っておきたいものです。できれば、新聞・テレビ・ラジオ・雑誌のメディアごとに1人ずつとか、雑誌でも総合誌・ビジネス誌・経済誌に1人ずつなど、複数のジャンルでそれぞれに懇意な記者や編集者がいるのが理想的です。

このとき注意したいのは、相手の肩書が高いほうがいいと一概に捉えないことです。たとえば、新聞なら編集長の立場が高いですが、実際にネタを探して記事を書くのは記者です。テレビならプロデューサーよりもディレクターのほうが現場に近い存在になります。

そうであるならば、記者やディレクターにアプローチを掛けたほうが取り上げてもらえる可能性は高くなるかもしれません。**「実務をしているのは誰か」「どの人にアプローチするのが近道か」をよく見極めることがポイントだということです**。

次に、メールでのアプローチの際は、件名をシンプルにそして印象的なものにしないと開いてもらえません。**「シンプル＆インパクト」**が合言葉です。

メディアへのアプローチは、最初は疎まれるかもしれません。媒体側は毎日山のようなアプローチを受けており、「またか」と思われるのは仕方がありません。でも、奇をてらうより、根気強く地道に接触を試みて、誠意と熱意を示すことが大事です。

メディアとのコミュニケーションのポイント

良く伝えてもらうことの基本は「情報を提供し続けること」。媒体をよく研究したうえで「そのメディア」「その担当者」にとって有効な情報をこまめに提供していく

「返報性の法則」
相手に見返りも求めず与え続けると、受け手は好意を無駄にして礼儀知らずだと思われたくないため、何らかの恩返しをしてしまうという心理

\+

仕事で合う
電話する
仕事以外で合う

「ザイオンス効果」
同じ人や物に接する回数が増えるほど、その対象に対して好印象をもつようになる効果のこと。アメリカの心理学者ロバート・ザイオンスが提唱した。メディアで働く人は忙しいので何度も電話することはご法度だが、こまめに会える会合や飲み友達になってしまえば、親近感・信頼感は一気に深まる。

●メディア担当者のリサーチ方法

新聞	署名記事をチェックする。署名記事をチェックしたら代表電話から部署につなげてもらいネタを相談する。
Web	署名記事をチェックする。ライターの場合、他に記事を書いていないかチェックする。
テレビ	番組の最後に流れるエンドロールで、ディレクター、プロデューサー、リサーチャーを調べて代表電話から連絡を取る。
雑誌	雑誌であれば編集チーム（編集長、副編集長、デスク、ライターなど）が記載されていることが多いので、それを調べて連絡を取る。

自社の商品や枠を飛び越えて、メディアと広報担当者の人たちをつなげるネットワーキング交流会や飲み会を開催するなど、対面できる相手を1人ずつ増やし、紹介してもらえる状況をつくる

●メディアへのリークのポイント

「リーク」という言葉を聞いてどのようなイメージをもつだろうか。広報業界において「リーク」はメディア掲載テクニックの1つとして考えてよいが、まずは、メディアとの信頼があってこそできることである。

記者のモチベーション
「特ダネが欲しい」「どこよりも早く報じたい」「他紙を追いかけたくない」
このようなモチベーションに応えていくことが「メディアリーク」というテクニックである

日経リーク
たとえば、日経新聞の場合、経済系のネタは他紙よりも早く多く報道したい。日経にふさわしいネタだと思ったら、プレスリリースの一斉配信や記者クラブ配布を行うより、まずは日経の特定の記者の1人だけにアプローチして取材対象になるか相談してみる。もちろん、この方法は他メディアでも応用できる。

51 Webメディアに アプローチする

記事になるまでの速度、ソーシャルメディア連携による拡散力が 強いYahoo!ニュースを中心に考える

現在、Webメディアでは、Yahoo!ニュースのシェアが他サイトを大きく引き離しています。

Yahoo!ニュースの編集部には、400以上のニュースサイトから1日に4000本以上の記事が配信されているそうです。その中で採用されるのは、1日に80本だとのこと。

もちろん、それらのニュースを提供しているメディアサイト（1次メディア）への掲載が第一目標となります。しかし、そこからYahoo!ニュースに転載されたとしても、さらなる情報拡散となるYahoo!トピックスに選ばれるのはとても狭き門です。

その狭き門のYahoo!トピックスに選ばれるには、公共性と社会的関心の高い記事、市場および業界動向・消費者の興味関心のトレンドを捉えた記事であることです。読者層が幅広いため、多くの人の関心を意識した記事が選ばれやすいということです。

Yahoo!ニュースの特徴は、各記事のタイトルが最大13文字であること。そして、記事の後ろに関連リンクが貼られていることです。タイトルはYahoo!編集部が付け直し、関連リンクも目視で見つけていきます。

ただ、Yahoo!ニュースがいくら強いとはいえ、スマホキュレーションアプリを無視できません。たとえば、「LINE NEWS」は若年層向けのエンタメ系ニュースに強く、「アメーバ」はOL向けのファッションや恋愛ニュース、「アンテナ」はグルメやカルチャー、イベント情報などに重点を置いています。「スマートニュース」や「グノシー」は独自のアルゴリズムで登録ユーザーの興味関心に合わせた記事を配信し、好きなジャンルの深掘りができます。各サイトの特徴を踏まえ、自社が狙うターゲットに届きやすいネタやフレーズを工夫することが大事です。

主なWebメディアとその特徴

Yahoo! ニュース

- ●400以上のニュースサイトから、1日4,000本以上の記事がYahoo!に提供されている。その中から編集担当が記事を選び目視で関連リンクをつけ、タイトルを付け直しトピックスに掲載している。

- ●「ヤフトピ」はマスコミ目線でニュースを選択している。つまり、業界の専門的な情報やニッチな情報ではなく、社会性が高く、国民的な認知があるニュースだ。ビジネスパーソンやOLだけでなく、老若男女に至るまで届けることを目的としていることがわかる。

- ●裏を返せば、「濃い内容」「業界のこと」はヤフトピにはないということだ。

**スマートニュース
グノシー
LINE NEWS**

- ●キュレーションアプリと呼ばれるこれらのニュース系アプリは、いまやそれぞれが1,000万以上のダウンロード数となり、大きな影響力をもつようになった。

- ●TwitterのRT数、はてブなどを使って独自のアルゴリズムで掲載する記事を自動化しているのが特徴であるが、押しなべてYahoo!と似たような記事になっている。

- ●LINE NEWSは10代、20代を中心に広がり、編集も人が行っており、今後さらに飛躍しそう。

**1次Webメディア
専門系
キュレーション
メディア**

- ●狙うべきメディアはYahoo!のほかに、ポータル系やスマートニュース、グノシー、LINE NEWSに情報を提供している1次Webニュースメディアである。

- ●大手新聞社や出版社のほか、IT関連メディア、ファッション関連など様々あるが、大切なことは適切な媒体のライター、および編集者にしっかりとプレスリリースおよびネタを届け、コミュニケーションすることだ。

- ●最近では「NAVERまとめ」や、女子系「MERY」「by.S」など特化型キュレーションメディアも大きな影響力をもっている。

52 テレビメディアにアプローチする

通常のプレスリリースではなく、その番組の特性にあったビジュアル素材の資料を郵送または手持ちする

　テレビはひと昔前に比べて視聴者が減っていると言われています。しかし、いざ放送されればその影響力に驚くはずです。「行列」「売り切れ」などの現象はいまでも顕在です。

　テレビの大きな特徴は、常に視聴率第一主義であることです。そのため、視聴率が取れる見込みの高いネタほど採用の可能性が高くなります。重点ターゲットは、主婦、シニア、子供たちです。これらの人に好まれる情報を、朝から夕方にかけて放送しています。つまり、**日中のテレビメディア攻略のカギは、自社商品・サービスを「主婦向け情報」にできるかどうか、ということです。**

　そして、番組カテゴリーに関係なく、**テレビが取り上げるかどうかの大きなポイントは、「画に撮れるか」という点です。**プロデューサーやディレクターは、「画が面白いか」「画として成立するか」を第一に考えています。いくら面白いWebサービスやアプリでも単一の画しか撮れないようなら放送されません。

　企業ネタであれば、テレビ東京系列で放映中の「ワールドビジネスサテライト」に代表される経済番組での採用がベストでしょう。経済ニュース番組という特性上、新商品・サービス、イベントなどは報道採用基準内ですが、商品を実際に使っている取材対象者や専門家などインタビューを取れるように事前準備は必ず必要です。

　また、**情報番組では、時流感の打ち出しや、画としてのユニークさ、わかりやすいキーワードなどを意識します。**

　そして、番組やコーナーの担当者へのアプローチとなるわけですが、通常のプレスリリースではなく、ビジュアル重視の資料を作って郵送や手持ちでアピールします。

テレビ攻略のポイントは「Webと紙メディア」

テレビが「マスメディアの王様」と呼ばれる所以は、その影響力もさることながら、本当の意味で「マス（大衆）」に伝えるメディアであるということだ。逆にとらえれば、マスに伝えるべき情報でなければテレビでは取り上げられない。つまり、Webメディアや新聞が取り上げ続けていれば、テレビ制作者も「流行っているんだな」と気がつき、自然と取材が入るというのが、テレビPRの王道といえる。

●テレビで紹介される可能性がある番組カテゴリー

平日朝の情報番組〜昼の番組、夕方ニュース、ゴールデンのバラエティ番組のメインターゲットは「主婦」であることを理解しておこう。最近ではシニアをターゲットにしている番組も増えた。自社および取り上げてもらいたい商品・サービスがそもそも「主婦」や「シニア」にマッチしていなければ、制作者は見向きもしてくれない。

- ●情報番組（ワイド）…最も企業系情報やトレンド情報が入る番組
- ●報道番組………………事件・事故・政治ニュース以外の大きな経済ニュース、特集枠が唯一入り込める部分
- ●バラエティ番組………旅番組、クイズ番組、経済バラエティ、などが入れやすい番組

※テレビ東京以外の「夜の報道番組」は大きな経済ニュース以外、ほとんど特集しない。すなわち「ワールドビジネスサテライト」で取り上げてもらいたい企業はたくさんあるが1番組だけに絞られてしまうのが実情。

●テレビ番組へのアプローチ方法

①メディアインバウンド戦略

110ページで紹介したメディアインバウンド戦略を参考に、まずはWebニュースへの露出を高め、1紙でも2紙でもよいので、新聞、雑誌メディアへ露出する。すると、番組側から問い合わせがくるようになる。

②テレビ用報道資料でアウトバウンドアプローチ

「テレビマンはプレスリリースなんて見ない」と通説のように言われているが、芸能会見のリリースなどはしっかりチェックしている。見ないのは単純な文字だらけの新製品プレスリリースなどだ。それをしっかりと「画で見せていく」内容にし、報道された新聞や雑誌記事のコピーと一緒に郵送すれば、開封され企画会議に提出されることが多い。テレビマンは「画を取れるかどうか？」という点と、「すでに流行っている＝紙媒体で取り上げられている」点の2つを重視している。

③アプローチ先は「担当ディレクター」に限る

テレビ番組へのアプローチ（訪問先、資料送付先）は、ディレクターに限る。放送作家、プロデューサーへのアプローチを勧める人もいるが、採用の確率は低いと言い切れる。コーナーを担当しているディレクターを電話などで探り出し、資料を送付したり、直接会いに言って交渉しよう。特に情報番組や夕方ニュース番組のディレクターは「自分が担当する回」が定期的に回ってくるため、ネタに困っているものだ。

53 新聞メディアに アプローチする

新聞がWebと連動していることに注視。通信社に取り上げてもらえば他メディアにも拡散しやすい

　新聞購読者数が漸減していると言われるなか、**新聞に掲載の記事はそのまま新聞社のWebのポータルサイトに直結しているので、影響力は決して小さくありません。**

　自社が扱う商品・サービスによって、どの新聞のどのコーナーを狙うかは異なりますが、基本的には経済面であったり、企業面でもビジネス文脈での記事になったりすれば、大きな反響が得られます。BtoC企業であれば、文化面や生活面も活用できます。地域面でイベント紹介や地域に関連する新店舗や新商品の紹介もありえます。

　また、テレビマンたちは、必ず主要紙各紙をチェックしており、拾い読みした記事の中から印象に残ったものを特集企画にすることもあります。つまり、テレビへの報道連鎖という意味でも新聞は重要です。

　新聞メディアの攻略では、通信社は不可欠な要素です。共同通信や時事通信に記事を書いてもらえれば、そこから情報が地方紙やスポーツ紙、地方局のテレビ番組などに流れていくので、大きな波及効果が生まれるからです。

　ただし、中小企業やベンチャー企業の情報はなかなかストレートには取り上げられにくいので、いかにニュースバリューを創出するかがポイントです。また、情報解禁前の「リーク」というテクニックも検討してみてもいいでしょう。リークは「特ネタ持ち込み」とも言われます。主にリーク先は日本経済新聞になりますが、情報解禁日に一斉解禁される前に、1社独占ということでネタを持ち込んで交渉してみましょう。

　ところで、日本経済新聞に掲載されたネタを他紙は後追いすることはありますが、他の全国紙が報じた経済ネタを日本経済新聞が追いかけることはほとんどありません。

記者クラブと通信社への情報提供

●日本の新聞メディアの構造と「広報としての注力先」

日本のメディアの中でも特に世界から批判されるシステムが「記者クラブ」である。しかし、逆にとらえれば広報として情報を一斉に各社にお知らせできるシステムである。また、通信社も地方メディアに首都圏情報、トレンド情報、文化情報を伝える役割を果たしている。中でも、「日本経済新聞」は企業が発信する情報が最も掲載されやすい新聞であるため、しっかりと記者の人たちとコミュニケーションしていこう。

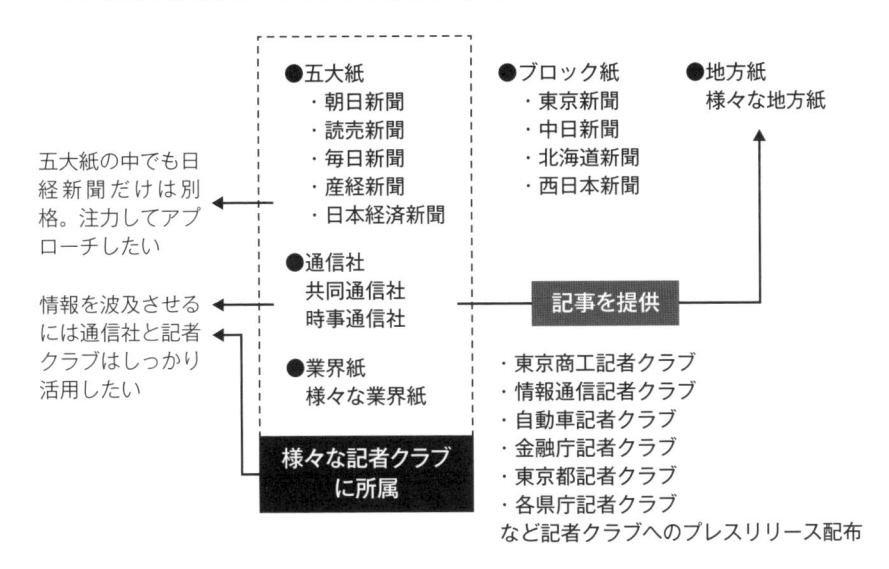

五大紙の中でも日経新聞だけは別格。注力してアプローチしたい

情報を波及させるには通信社と記者クラブはしっかり活用したい

- ●五大紙
  - ・朝日新聞
  - ・読売新聞
  - ・毎日新聞
  - ・産経新聞
  - ・日本経済新聞
- ●通信社
  共同通信社
  時事通信社
- ●業界紙
  様々な業界紙

様々な記者クラブに所属

- ●ブロック紙
  - ・東京新聞
  - ・中日新聞
  - ・北海道新聞
  - ・西日本新聞

- ●地方紙
  様々な地方紙

記事を提供

- ・東京商工記者クラブ
- ・情報通信記者クラブ
- ・自動車記者クラブ
- ・金融庁記者クラブ
- ・東京都記者クラブ
- ・各県庁記者クラブ
- など記者クラブへのプレスリリース配布

●日本経済新聞へのアプローチ方法

日本経済新聞へのアプローチは多いが、その情報の多くが埋もれてしまう。なぜならプレスリリースの送信先、ならびに担当記者、デスクを理解しないままアプローチしているためだ。流通経済部、企業報道部などがプレスリリース配信先としては適している。

●プレスリリースがまだFAXな理由

プレスリリースの配信はFAXがいまでも多い。昨今ではメールに切り替えている新聞社も増えたが、大手新聞社へのプレスリリースはFAXを指定されることもある。その理由を記者に聞いたところ、「リリースを振り分けするときに担当者のデスクの上に置くことができる」「メールのように見落としがすくない」ということだ。

媒体ごとにターゲットが明確なため、その読者特性に合わせたアプローチが可能。Web版にも注目

雑誌はターゲットが細分化されており、情報を深掘りできるという特徴があります。自社が狙うターゲットに向けて、より深い情報を正確に届けることができるという点で大きな効果が期待できます。

中でも一番攻略したいのは、ビジネス誌です。最近では東洋経済オンラインなどビジネス誌のWeb版がビジネスパーソンを中心に人気で、ソーシャルメディアでも拡散されやすくなっています。

ただし、商品・サービスがそのまま記事として紹介されるにはハードルが高いので、企画を練り、そこに自社の情報を盛り込むようにするのが掲載への近道です。時代背景や経済トピックと絡め、インタビューやデータ提供を行いながら、企画化していきます。

読者への影響力という観点から言えば、ファッション誌も重要です。雑誌の読者やテイストと自社の発信したい情報がマッチするなら、積極的にアプローチをしていくべきです。

週刊誌は、各記事の見出しが電車の中吊り広告に載る点が魅力です。中吊り広告で見出しが躍れば、多くの人の目に触れ、記憶にも残りやすくなります。つまり、雑誌記事そのものが読まれなくても効果的です。面白いキーワードになり得る情報を提供できれば、編集部の企画会議で検討されやすくなります。

雑誌が他メディアと大きく違うのは、情報提供から記事化までに時間がかかることです。月刊誌でいえば、発行の約2ヵ月前に企画構成が終わっています。情報をもっていくのが遅いと話にならないので、狙っている雑誌があるなら、制作スケジュールの確認は必須です。

また、雑誌は掲載する企画の決定権が編集者にあります。日頃から編集者と良好な関係を保っておくことが大事です。

媒体特性をよく知る

●雑誌の進行スケジュールを把握して、適切なタイミングでアプローチしよう

月刊誌・・・年間スケジュールがあり、大方2ヵ月先の企画を進行させていく。
　　　　　情報枠・プレゼント枠は当月に決まることが多い
週刊誌・・・約2週～3週先の企画を決め、取材・編集を進めている。
　　　　　サイクルが早いためプレゼント枠はなかなか埋まらずギリギリになることが多い
季刊誌・・・年2～4回発行する雑誌。最近ではスポンサーありきで進めることも多い。

> 雑誌メディアの特性を加味して、興味関心・年齢でセグメント・カテゴライズされた媒体であるため、無意味な情報を送ることだけは避けたい。
> 実際にアプローチしたとき、雑誌媒体の編集担当から最も言われることは「うちの雑誌読んでくれてますか？」だ。つまり「読んでないから、無関係なネタをもってくるんでしょ」ということだ。気をつけたいものである。

●雑誌はブランディング施策。販売数に結びつけてはいけない

雑誌で取り上げられたら「行列ができた」「売り切れた」というほど、即座に販売数に結びつくことは多くはない。ただし、雑誌媒体に取り上げられたことはユーザーにとっても大きな信頼獲得につながり、じわじわとその効果を実感する。
特にA雑誌に取り上げられると同じ分野のB雑誌からも取材依頼が来て、C雑誌も来て、やがてテレビや新聞などに広がる報道連鎖へとつながっていくことがある。

●これからの「雑誌」トレンドに合わせる重要な点

全国出版協会の見解によると「月刊誌・週刊誌ともに1997年をピークに、以降16年連続のマイナス。読者年齢の上昇が顕著で読者は30代や40代にシフト。対象年齢の高い雑誌はまだ堅調だが若い読者をとりこめる雑誌が現れていない。」という。これは間違いなく、Webとスマホによる影響である。

> 日本やアメリカでは、雑誌のWebメディアを立ち上げ、ソーシャルメディアで集客し、その後、電子版の雑誌や電子書籍を販売するという流れができつつある。また、雑誌とWebでコンテンツを広げ、コマース事業に結びつける動きもある。
> マーケターにとって重要なことは、いかに読者目線で多くのユーザーを引きつける企画を提供できるかである。単純な新商品プレスリリースをFAXで送るだけでは採用されない。

自社のマーケティング目的に適う人たちをインフルエンサーとして位置づけ、その人たちの情報拡散力を活用する

イノベーター理論の頂点に位置するイノベーターとそれに次ぐアーリーアダプターの中に、一般への影響力が高いインフルエンサーが存在します。これはどの業界にも当てはまる原則理論ともいえます。

企業がインフルエンサーをマーケティングで活用するわかりやすい例として、ハリウッドセレブがもっているバッグ、人気タレント御用達のスイーツなど、芸能関連の著名人たちを活用したイメージ戦略でしょう。

しかし、通常の場合、著名タレントを活用するのは、それほど現実的ではありません。

むしろ、そのように華やかな世界から現実に視点を向けてみると、普通のビジネスパーソンや主婦の中にもインフルエンサーがいることがわかります。ガジェットに強い人、コスメに強い人、グルメに強い人などその分野で第一人者というべき人たちです。

また、テレビや新聞、雑誌においても、専門的な分野に関することをコメントする人がいますが、そのような人たちもインフルエンサーであったりします。

つまり、**アーンドメディア戦略においては、メディアごとに適任のインフルエンサーをキャスティングすることが重要になってきます。**

そのリサーチ法としては、Twitter検索やYahoo!のリアルタイム検索をかけ、自社の求めるカテゴリーに属する人を探します。フォロワー数よりも大事なのは、その人物がメディアからの取材を受けているかどうかです。これはニュース検索をして調べます。

インフルエンサーが見つかったら、メールだけでなく、当人が主催しているオフ会や勉強会に参加して直接知り合い、交流を深めていきます。

インフルエンサーへの情報伝達のポイント

●影響力が数値化できる時代

「影響力」はいまのところ数値化できるのは「ソーシャルメディア」のスコアである。Twitterでいえばフォロワー数、RT数、Facebookページでいえば「いいね数」「購読数」、Instagramではフォロワー数やお気に入り数などだ。これらを簡単に調べるツールに、Kloutなどがある。

●数値化できないものに注目せよ!

ソーシャルメディアで数値化されていればわかりやすいが、ソーシャルメディアをやっていない人が影響力をもつ場合もある。学生時代、クラスに1人はオシャレな人がいて、その子が身につけると途端にクラス中が真似しはじめる、みたいな存在の人だ。また、メディアからコメントを求められる人にも注目したい。メディア露出が高い専門家はやがて大きな影響力をもつようになる。なおかつセミナーや講演を行っている人なら、周囲への影響力は大きく、伝わり方も早い。

数値化されていないインフルエンサーを探し出すには、Google検索や様々な分野の専門家の集まりであるAllAboutなどからが早い。

●インフルエンサーリサーチに便利なツール

http://buzzsumo.com/

Facebookのシェア、Twitterシェア、Google＋シェアなど総合的なシェア数で判断して検索結果を表示してくれる無料ツール。
検索結果のブログやメディアからインフルエンサーを探すことができる。

https://www.influencerdb.net/

世界各国のInstagram、Twitter、Facebookなどで影響力のある人たちを検索できる無料ツール。
しかし、精度はあまり高くはないが無料であれば十分。

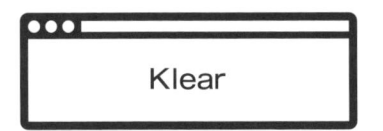

http://ja.klear.com/

Twitterを活用したインフルエンサー検索ツール。無料で使用できる。特定のキーワードを入れ、そのキーワードの入ったSkillを入力した人で更新頻度が高く、RT率も高い人が表示される仕組み。

56 広報効果を測る視点

指標や数値だけにとらわれず、実際に期待どおりにユーザーが
反応しているか、「質」についても検証する

広報/PRの効果を金額として表す方法に「広告換算値」があります。露出した記事の大きさや放送時間を広告に置き換えて換算するといくらになるかを算出するものですが、これはPR効果を検証するための1つの目安と捉えるべきだと思います。

それよりもむしろ重視したいのが、「メディア掲載数」と「掲載内容」の2つです。

「メディア掲載数」は、露出数が多ければ多いほど接触する人も増えるということです。もちろん、そのメディア自体の読者・視聴者がどれほど居て、そのメディアのブランド価値はどれほど高いのかということを考慮することも重要ですが、そもそも露出数が少なければ接触する人も少ないので、いかに多くのメディアに露出できるかがPR効果上、重視されるということです。つまり、「量」ということです。

「掲載内容」は、露出内容がポジティブかどうか、さらに言えば、意図していることが露出したかどうか、間違った報道はされていないかどうかということです。つまり、「質」ということです。

ブランディングの基礎となる「ターゲットにどう思われたいか？」ということはこの2点を計測することが重要になってきます。特に「質の高い露出」を獲得するのがブランド政策上の重要ポイントですので、良質なターゲット媒体に良質な情報を発信し、多くのユーザーに認知していただくことを基本姿勢とし、広報としての効果を検証します。

効果測定については第1章でも触れましたが、数値の多寡だけではなく、その数値に伴って、良い印象も抱いてもらっているか、こうしたことも効果測定ではとても重要なことです。

広報／PR戦略の効果検証

世界中のPR会社や広報担当者は「広告換算値」を疑っている。Webメディア時代が到来してますます広告換算に対して疑問が湧くという状況である。そもそも広告換算値は掲載された紙面の大きさや放送された長さを正規の広告料金を支払うなら、という考え方だ。正しい広告換算値というものはなく、世界中のPR会社が独自の導き方をしている。

●広報／PRの指標とは何か

露出数	どの媒体に、どれだけ報道されたのか？
露出尺	記事の大きさ、どれほどの長さ放送されたのか？
露出頻度	どのようなベースでメディア露出しているのか？
掲載内容 （論調）	意図とする内容だったか？ 自社だけなのか？ 他社とならどのような企業と掲載されたのか？ ポジティブなのか？
シェア数	Facebook、Twitterなどソーシャルメディアでどれだけシェアされたのか？
反響	報道後（放送後）の反響数、反響の内容
ブランド報道	「業界最大手」「日本で唯一の」など社名の前にどのような枕詞をつけているのか？

基本的には「多くのステークホルダーにとって有意義で正しい情報が伝わっているか？」を計測するために実施する。

●報道調査・クリッピングサービスを利用する

報道調査を行ううえでマスメディア、Webメディアのクリッピングは欠かすことはできない。誰でも簡単に使えるツールからそれぞれのクリッピング提供企業・サービスを紹介する。

新聞・雑誌 クリッピング	内外切抜通信、ジャパン通信など キーワードや社名を伝えれば、週1回記事を配送して送ってきてもらえる。
Webメディア クリッピング	Googleニュース検索、Yahoo!ニュース検索などで「社名・商品名・サービス名・案件名」を検索する。「メルトウォーター」などのWebクリッピングサービスを利用する。
テレビクリッピング	最近では全局の番組を1週間分収録できる録画機があるので、クリッピングに利用している企業は多い。また「ニホンモニター」では地上波の番組を社名やキーワードで指定してDVDで郵送してくれるサービスを提供している。

57 新時代の広報戦略のあり方

最適なコンテンツ、最適なメディア、最適なタイミングを自社の特性に鑑みながら発信する仕組みを自社で作る

「戦略PR」や「戦略的PR」という言葉は抽象的なため、何をもって戦略なのかがわかりにくい面は否めません。戦略という言葉が何か先鋭的なイメージを醸し出すところがあるため、言葉の定義を考えずに使われているだけなのかもしれません。

広報というのは、計画的に実務を実行していくということからすると、事前に計画したことをプロセスにそって着実に実行し、求める結果に導いていくことで、戦略的な展開となるものなのだと思います。

ただ、ここで忘れてならないのは、実行手段は「戦術」だということです。1つ1つの策をしっかりとこなし、打ち手に対しての反響をしっかりと検証するという地道な活動が広報です。

その根底には、「なぜ、このメディアを狙うのか」の理由を明らかにすることと、「どこを狙えば、報道連鎖につながるか」を見極めることです。そのためにメディアごとの特性やアプローチ方法を知る必要があるのです。

メディアとしてのWebがさらに発展していくこれからの時代は、デジタルメディアに掲載されないとマスメディア掲載への道も開けてきません。Webを第一メディアとして位置づけ、そこへのアプローチを重点化することがこれからのメディア戦略＆戦術の原則になっていきます。

そうした時代では、広報はこれまでの方法で情報発信するだけでは役割を果たせません。従来のやり方を一度否定し、「誰に」「どう見てもらいたいのか」という原則に従って、最適なコンテンツ、最適な媒体、最適なタイミングは何かを、自社の特性に鑑みて新たな仕組みづくりをするような心がまえがきっと必要になってきます。

広報／PR戦略のチェックポイント

広報／PR戦略は、大きな転換期に差し掛かっている。以前のようにマスメディアだけの対応だけに留まらない。幅広いWebメディアへのアプローチに加えて、ソーシャルメディアの運営、時にはWebマーケティング全体を管理することも求められる時代だ。それだけコミュニケーション活動は複雑に入り組んできた。重要なことは「シンプル」を心がけることである。誰しも複雑なストーリーや戦略は「奥が深くツウ好み」のような気がするが、高い確率で失敗をする。ストーリーどおり進んでくれる甘いビジネス社会ではない。「経営理念」「年度目標」をクリアできるシンプルなストーリーを描こう。

CHECKPOINT

●**広報戦略について**
☐作り手のモチベーション、制作の流れを理解した広報戦略を組み立てる
☐独自データ、コンテンツでメディアの「引き」を生み出し「問い合わせ」へつなげる
☐「メディアインバウンド（取材問い合わせ）を獲得するには？」を考え抜く

●**デジタルPRについて**
☐デジタルPRファーストで考える
☐デジタルPR戦略はモバイルファーストで進める
☐Yahoo！トピックスだけではなく、多彩なWebメディアに視野を広げる
☐プレスリリースを一斉配信サービスで送信するだけの活動は避ける
☐ビジュアルコンテンツ（動画、グラフィック）などを上手く活用する
☐インフルエンサーに目を向けてツールを使いこなす
☐インフルエンサーのフォロワー数だけを見ない
☐自社ソーシャルメディアを強化・連携させる

●**マスメディアPRについて**
☐「テレビ露出」を狙うなら、「Web露出」「新聞露出」を高める
☐テレビは「トレンド」のフォロワーであるが、集客効果は絶大
☐雑誌発の「トレンド」は生まれにくいが、「ブーム」のきっかけになる
☐新聞メディアへは、「ネタとして成立する」確信があるときに限って発信する

●**分析**
☐広告換算値に縛られてはいけない
☐自社単体での露出に縛られない
☐重要なポイントは「どの企業やサービスと一緒に掲載されるか？」
☐自社独自のKPI分析方法を確立する

広報／ PR戦略のチェックポイント

- ☐ 経営戦略に沿った広報戦略を組み立てているか？
- ☐ プレスリリースを一斉送信するのは広報活動ではないと心得ているか？
- ☐ メディア担当者とのコミュニケーションは「GIVE GIVE GIVE」。見返りは何も求めずに情報提供に努めているか？
- ☐ 時代を読み、報道連鎖を想定してデジタルPRファーストで考えているか？
- ☐ Yahoo!トピックスだけではなく、多彩なWebメディアに視野を広げているか？
- ☐「テレビ露出」を狙うなら、「Web露出」に加えて「新聞露出」を高めること。
- ☐ テレビは「トレンド」の最終的なフォロワーである。イノベーター理論を基礎とした情報伝播設計を理解しているか？
- ☐「データ」は広報コンテンツ。発信しないのは機会を失っていることに等しい。
- ☐ 広報活動にビジュアルコンテンツ（動画、写真、インフォグラフィックス、データビジュアライゼーション）などを上手に活用しているか？
- ☐ 広報とソーシャルメディア運営を連携してできているか？
- ☐ メディアサイドのモチベーション、制作の流れを理解したアプローチ、およびコミュニケーションを組み立てることができるか？
- ☐ 独自のデータやコンテンツでメディアの「興味」を生み出し、「問い合わせ」へつなげるメディアインバウンド（取材問い合わせ）施策を理解しているか？
- ☐ 広告換算値に縛られず、「露出の質」に注目しているか？
- ☐ 自社単体での露出に縛られず、「どの企業」と「どのような切り口」で露出しているかを分析し、次の広報戦略に役立てているか？
- ☐ 四半期ごとに「切り口」を練り直し、常に新鮮な「ネタ」をメディアに提供できる環境（アイデア会議や外部協力会社の活用）を整えているか？

第4章

アーンドメディア戦略の基本と実践
[ソーシャルメディア編]

58 ソーシャルメディア マーケティングの狙い

ソーシャルメディアを通じて、企業と消費者との"双方向のコミュニケーション"を図り、信頼関係を築く

メディアや広報/PR戦略、広告といったマーケティング手法は、企業側から消費者へ向けて発信される『一方通行』のコミュニケーションです。これに対して、TwitterやFacebook、Instagramなどソーシャルメディアを用いたマーケティングは、企業側と消費者側とが『双方向』でコミュニケーションする取り組みです。

ソーシャルメディアでは、企業が投げかけた情報に対して読者から「いいね！」や「シェア」「コメント」「リツイート」「お気に入り」などによって反応が良いことを「エンゲージメント率が高い」と言います。

このターゲットからの反応によって、企業側は消費者の気分やニーズ、世の中のトレンドなどを知ることができます。また、コメントなどを寄せてくれた読者に対して、企業側が返事を書いたり、話しかけたりすることで、相互コミュニケーションが生まれ、信頼関係の構築やファンづくりがなされていきます。

そして、**相互コミュニケーションを重視することが、ブランドに忠実なロイヤルカスタマーを育てることにつながります。**

また、**率直な感想や反応を分析することで、商品サービスの開発や改善にも役立てられます。**

ところで、ソーシャルメディア以前は「消費者との相互コミュニケーション」はカスタマーサポートセンターなどを除けば、なかなか容易に図ることができませんでした。その点において、一方的に投げかけられるだけの情報サービスではなく、消費者が自主的・自発的に参加していけるソーシャルメディアは、もはやWebマーケティングに欠かせない必須のツールといえるわけです。消費者が主体的に企業に働きかけることができる利点をマーケティング施策にいかに取り入れるかがカギとなります。

ソーシャルメディアのマーケティング的役割

潜在顧客と既存顧客との交流の場

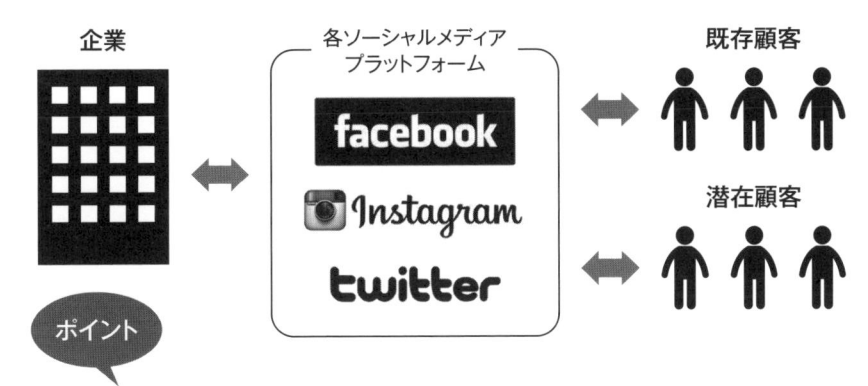

・企業とユーザーの「交流の場」のために生まれたプラットフォームは1つもない
・そもそも、友人同士、家族、会ったこともない人が気軽にコミュニケーションできるプラットフォームであることを理解する

●ソーシャルメディアマーケティング基本の「き」

・正確には「不規則なユーザー同士のつながり、コミュニケーションに企業が入り込んでいく」ことである。
・そのため、土足でズカズカと上がり込んでは失礼であり嫌われてしまう。
・まるで友人との気軽なコミュニケーションかつ礼節に配慮することで友達同士の輪に入ることができ、信頼のある双方向コミュニケーションができる。

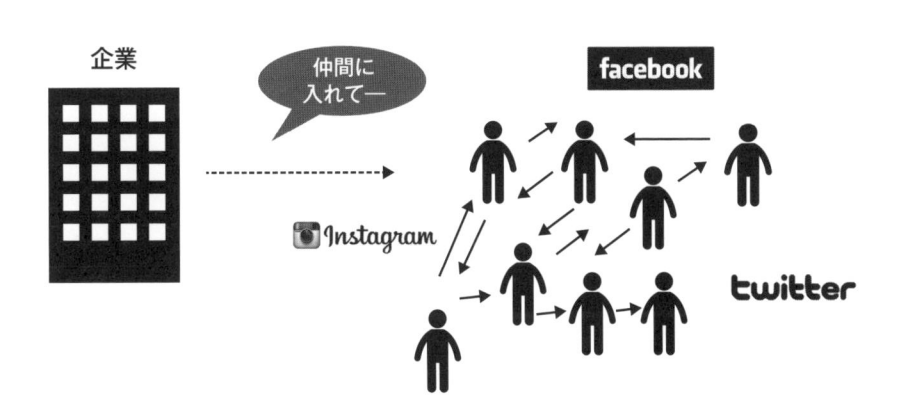

ソーシャルメディア活用による効果

信頼性の高いクチコミを拡散させるには、情報が届きやすい写真や動画も使って、クチコミしてくれる人への印象度を高める

2016年現在、Facebook利用者は世界で15億人を超え、さらに増加の一途をたどっています。もはやソーシャルメディアは社会インフラであると言っても過言ではないでしょう。

ソーシャルメディアとスマートフォンがセットとなったことで、情報波及は加速度を増しています。誰かがふと投稿したひと言や写真が瞬時にネット上を駆け巡り、トップニュースになることも珍しくありません。

マーケティング業界では、ターゲットに「気づき（アテンション）」を与えるために、これまで様々な施策を繰り返してきました。その中で最も信頼性が高いのが、『クチコミ』です。「友達の誰それが良いと言っていた」など、自分が知っている人からの情報は、見ず知らずの人からの情報よりも格段に信頼性が高くなるため、「最高の気づき」となり得ます。よって、**ソーシャルメディアマーケティングでは、この「友人から友人に気づきを与える」ことを大前提として戦略や戦術を考えます。**

「気づき」を最大化するには、テキストだけでは不十分です。そもそも、ソーシャルメディアの魅力はテキストはもとより、写真や動画などのコンテンツが発信できることにあります。

写真や動画は多くの情報を直感的に伝えることが可能なため、それだけ立ち止まって見てもらいやすく、情報が届きやすいということです。FacebookやTwitterでシェアされるコンテンツの第1位が写真、2位が写真やグラフィック付きのニュース記事、3位が動画がそのことを実証しています。

このように、ソーシャルメディアマーケティングでは、写真やグラフィック、動画により重点を置いてコンテンツを編集することが基本となります。

ソーシャルメディアマーケティングの影響

企業から受け取った情報をユーザーが主体的に発信するソーシャルメディアの利点を活かすには、企業側の発信情報に何らかの「気づき」を与えるための仕組みが必要になる。

●ソーシャルメディアマーケティング3つの鉄則

1. コンテンツ制作は「見やすい」「短文」「キャッチーに」

2. コンテンツ発信は「あせらず」「休まず」「マイペースに」

3. レスポンスは「イラつかず」「じっくり読んで」「正確に」

60 ソーシャルメディア マーケティングの活用範囲

消費者からのブランドイメージの向上のほか、ユーザー調査、
ブランド認知の向上などに活用する

　ソーシャルメディアマーケティングでは、「消費者との信頼関係を結
び、ブランドイメージを向上させる」ことが最終的なゴールになりま
す。そして、そのゴールに至るうえで、ソーシャルメディアを調査や認
知向上などに活用することも、ソーシャルマーケティングの役割となり
ます。

　ソーシャルメディアの用途としては、大きく3つがあります。

①リスニング型

　ソーシャルメディア上の利用者の声に耳を傾け、彼らが何を求めてい
るのか、どんなものに興味があるのかなどを聞き取っていきます。たと
えば、Twitterでは企業名、製品名などで検索をかけると関連したツ
イートが表示され、みんながどんな呟きをしているかがわかります。

②情報伝播型

　ソーシャルメディアを活用して企業イメージや商品などを売り込みま
す。押し売りにならないよう、「新しい使い方を提案する」とか「お手
入れ法を動画で紹介する」など、お役立ち情報と絡めて提供するのがコ
ツです。

③コミュニケーション型

　ソーシャルメディア上で消費者と対話しながら信頼関係を築き、顧客
満足度を上げていきます。ただし、信頼関係の構築には時間がかかるの
で、「今日始めて明日効果が出る」というものではありません。

　ソーシャルメディアマーケティングは中長期的に取り組むプロジェク
トです。根気強く続けていける人やソーシャルメディアを楽しみながら
運用できる人が担当になるのも、成功のポイントの1つです。

ソーシャルメディアマーケティングの主な目的

ソーシャルメディアマーケティングは、企業規模によって目的が様々である。目的には次のようなことがある。

> ①新規顧客（見込み客）の開拓（情報伝播型）
> ②既存顧客との深い関係の構築
> 　（リスニング型・コミュニケーション型）
> ③ブランドイメージの向上（コミュニケーション型）

　ソーシャルメディアマーケティングが最も適しているのは、②既存顧客との関係づくりである。もちろん①新規顧客（見込み客）の開拓もFacebook広告やTwitter広告を使ったり、コンテンツ次第でリーチ数は確保できる。しかし①新規顧客（見込み客）の開拓の方法はその他にもたくさんあるが、既存顧客との関係を深めるツールは数えるほどしかない。せっかくならソーシャルメディアでしかできないことにフォーカスしてみよう。

●「ロサンゼルス観光局」日本版公式Facebookページ 事例

こちらのFacebookページは、情報伝播型・リスニング型・コミュニケーション型を統合し、開設から着実なファン数およびエンゲージメント率の増加を果たしている

ロサンゼルス観光局の日本支局のFacebookページ。ロサンゼルス（LA）への観光を誘致し、旅行のきっかけづくりとなるコンテンツが更新されている。

　毎日LAに関連した美しい写真とともにキャンペーン情報などを更新。過去にLA留学や旅行した人、またこれから旅行する人を対象に高いエンゲージメント率を誇る。

61 Facebookマーケティングの特徴

最大の特長は「実名性」。現実世界の人間関係をネット上でも構築できるので信頼性が高い

Facebookが他のソーシャルメディアと決定的に違うのは、アカウント登録をする際に「実名」および「1人1アカウントが原則」という点です。

もともとリアルな世界でも知り合いであったり友達であったりする相手とネット上でもつながり、情報交換が行われます。そこで交わされる情報は、現実世界でのクチコミに近いといえます。

情報発信側は、「知り合いが見ている」「自分が何者かが知られている」ことを前提に記事やコメントを投稿しますから、それが抑止力となって嘘や根拠のない噂が混ざる可能性が少なくなります。すると、おのずとクチコミの信頼度が高くなっていきます。

Facebookという信頼性の高いプラットフォームに、企業も実名で参加することで、消費者との信頼関係の構築やファンづくりがしやすくなります。そうしたことからFacebookは、マーケティングとの相性が非常に良いといえるのです。

NTTコムリサーチによる2015年6月実施「第7回 企業におけるソーシャルメディアの活用」調査結果を見ても、企業のソーシャルメディア利用状況はFacebookが断トツで高く、80％を超えています。

日本ではLINE利用者のほうがFacebookよりも多いですが、LINEは仲間内での雑談ツールに近く、ビジネスユースはあまりされていません。

またFacebookは「いいね！」をクリックしてもらうことでファンの囲い込みができ、コメントをもらうことで対話型のコミュニケーションが生まれ、さらにシェアされることで、より多くの人にページが拡散されるという仕組みもマーケティング視点から見ると大きな特徴です。

Facebookの基本を押さえる

PC版Facebook画面

第4章

アーンドメディア戦略の基本と実践 [ソーシャルメディア編]

投稿欄
テキスト、写真、動画もここから投稿できる

アクションボタン
いいね！やコメント、シェアを実行する。このアクションが頻繁に行われるとエンゲージメント率が高いということである。

タイムライン
Facebookで最も重要なタイムライン。ここにエンゲージメント率の高い友人や企業の投稿（コンテンツ）と「広告」が表示される。友人同士でもエンゲージメント率が低ければ表示されない

広告欄
Facebook広告の表示は、この右サイドかタイムラインに表示される。表示されるのは、企業がターゲティングした人のみ。つまり企業にとってFacebook登録している地域や年齢、興味など見極め精度の高い広告を出すことが求められる

スマートフォンFacebook画面

スマートフォン版では、よりタイムラインが見やすいデザインとなっている。右サイドの広告がないため、タイムラインに表示される広告のみ。2016年初頭現在では、音声なしの自動再生される動画に力を入れており、アイキャッチの良さから多くの企業が動画配信に力を入れている

まず目的とターゲットを設定することが基本。運用開始後は、投稿の企画と分析を行い、PDCAを回す

　Facebookの企業アカウントは無料で作れます。運用も難しくなく、ほぼ直感で使えるのもFacebookの優れた点です。

　ページ立ち上げと運用のポイントは、次のとおりです。

①運用の目的・ターゲットを定める

　店舗の集客をしたいのか、自社サイトへの訪問数を増やしたいのか、企業の知名度を上げたいのかなど、ページを作る目的を明確にします。また、どんな人に向けて投稿していくかのターゲット選定も行います。

②ページのカテゴリーを選択する

　立ち上げたいページのカテゴリーを選択し、ナビゲーションに従って必要事項を入力していきます。プロフィール画像やカバー画像もアップしましょう。ページ名はSEOを意識して設定することがポイントです。

③「いいね！」を集め、シェアしてもらう

　ページに広告をかけたり、自社サイトやメルマガから誘導したり、懸賞アプリを利用したりなどして、集客の工夫をします。

　共感を得る記事、新しい発見のある記事、人に話したくなる記事などは、たくさんの「いいね！」がつき、多くの人にシェアされていきます。写真や動画も大いに活用しましょう。

④読者の反応を分析し、次に活かす

　投稿して終わりではなく、必ず効果検証を行いましょう。「どのような投稿が受け入れられやすいか」を分析し、PDCAを繰り返していくことで、ページの精度と効果が上がっていきます。

　マーケティングツールとしてFacebookを活用するうえでカギとなるのが、常にユーザー目線でコンテンツを作ることです。ユーザーにどうアクションしてほしいかを事前によく考えて運用していくことです。

Facebookページの運用ポイント

63 Facebookマーケティングの留意点

Facebookマーケティングは気長にやるのが一番大事。長く続けていける方法を考える

　Facebookマーケティングは中期・長期的な戦略で行っていくものです。売上げや集客にすぐに反応がないからといって、拙速に止めずに様子を見ながら効果を上げていく心がまえが必要です。

　長く続けていくには、最初から大きな目標を掲げないことです。ものすごく深い情報を出そうとか、インパクトの大きい記事でないとダメだとか、1日に何度も投稿をしようなど、成果を焦るよりも、コンスタントに続けていくほうがFacebookマーケティングでは結果的には効果が大きくなります。ほんの一瞬でも、毎日、ユーザーの目に留まり続けることでユーザーとの強い心理的なつながりを生み出せるからです。

　そのうえで、ページに「いいね！」をしてくれたユーザーのタイムラインに自社の最新記事が表示されやすいように、投稿するコンテンツやタイミング、回数などを工夫していきましょう。ユーザー動向については右図に解説している「インサイト」を参照してください。

　ここで注意したいのが、運用を続けていくうちにマーケティング施策の目的を見失うことです。「何を目的にページを作っているのか」が曖昧になってくると、どんな記事を投稿すべきか迷いが生じて、日々の投稿が滞りがちになります。結果として、ファンは増えず、ますます投稿が滞る……という悪循環に陥ります。

　マーケティングは、ソーシャルメディアとそれ以外の手法やツールを立体的に組み合わせて展開しなければ成功しません。Facebookにかかりきりになり、他の施策が疎かになってしまってはマーケティング目標が果たせなくなります。そうならないためには、コンセプトとターゲットを決めた後の運用は、アウトソーシングするのも一考です。

Facebookのユーザー動向を確認する方法

●インサイトの使い方と見るべきポイント

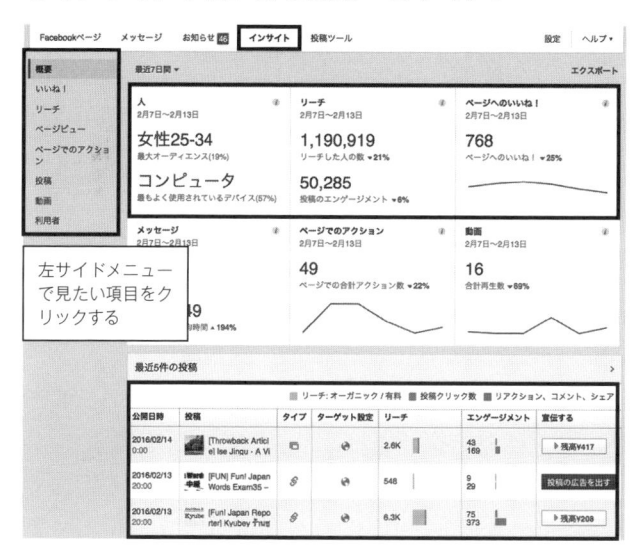

①上部の「インサイト」をクリック

②「概要」トップの最上段は1週間のサマリーが表示される。最も多い性別、年代、「いいね数」リーチ、エンゲージメントなどが表示される。できれば週1〜月1回のペースでサマリーは確認する

③1週間の投稿が表示される。「すべてみる」をクリックすると全投稿が網羅的に確認でき、エンゲージメント率の高いものやリーチ数が高い投稿がグラフでわかるので分析しやすい

左サイドメニューで見たい項目をクリックする

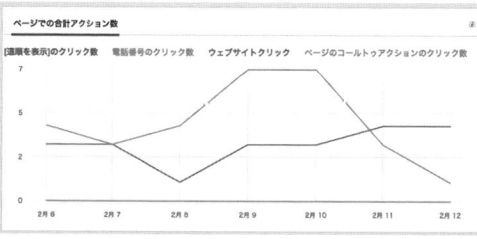

④左サイドメニューから「ページでのリアクション」をクリック。すると1週間の投稿の「ウェブサイトクリック」「CTAボタン」のクリック数などがグラフで表示される

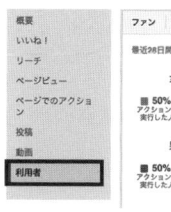
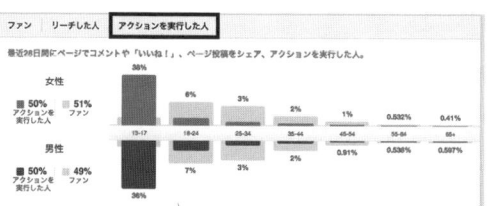

⑤左サイドメニューの「利用者」、上部の「アクションを実行した人」をクリックすると、いいね！、コメント、シェアなどアクションした人の性別、年代がグラフで表示される

第4章

アーンドメディア戦略の基本と実践［ソーシャルメディア編］

64 Facebookコンテンツの特徴

スマホで利用されることを想定し、スマホの画面の大きさなどを考慮してストレスなく情報利用ができることを考慮する

コンテンツの種類としては、テキスト、画像、動画があります。最近はスマホをデバイスとして利用する人が多いので、スマホでの閲覧を想定してコンテンツを作ります。

テキストはTwitterのように文字制限はありませんが、一定文字数を超えると表示が省略され、先を読むには「…もっと見る」をクリックしなくてはならなくなります。このひと手間が意外に煩わしく、ユーザーが途中で逃げていく要因の1つになります。ですから、**言いたいことや見てほしいこと、URLなどは先に書いておくのがポイントです。**

画像や動画はできるだけ入れるようにしましょう。興味を引く画像や動画があると、テキストを読まずに「いいね！」を押すユーザーも多く存在します。そういう意味では、画像や動画はテキスト以上に大事といえるかもしれません。

ちなみに、本文に画像や動画をアップしたいのに、URLが表示されるだけで自動表示されないという悩みを聞くことがありますが、これは簡単な方法でクリアできます。右ページに紹介しますので試してみてください。

Facebookページには、カバー画像上にある「いいね！」ボタンの左側に、ユーザーからのアクションを促進するCTA（コールトゥアクション）ボタンが設置されています。「コールトゥアクションを設置する」をクリックすると、「予約する」「お問い合わせ」「アプリを利用」「購入する」などの7種類が表示され、自由に設定することができます。

また、「いいね！」以外にもリアクションボタンが増えました。感情の選択肢が増えたことで、ユーザーは共感を示しやすくなり、ページへの反応もこれまで以上に返ってきやすくなっています。

CTAの主な機能と「CTAボタン」の設置方法

●Facebookコールトゥアクションボタンとは

Facebookコンテンツからアクション（問い合わせや電話など）を促進するボタンのこと。Facebookページはいわば企業のFacebook内のオウンドメディア。オウンドメディアには問い合わせフォームや電話番号があるように、Facebookページ内にも設置しよう。以下のようなことが可能になる。

- ・お問い合わせ(オウンドメディアの問い合わせフォームなどにリンクする)
- ・予約する
- ・今すぐ電話
- ・メッセージを送信
- ・アプリを利用（インストールページへ遷移）
- ・ゲームをプレイ
- ・購入する（特定ページへ遷移）
- ・アカウント登録（会員登録ページなどに遷移）
- ・詳しくはこちら（特定ページへ遷移）

●「CTAボタン」の設置方法

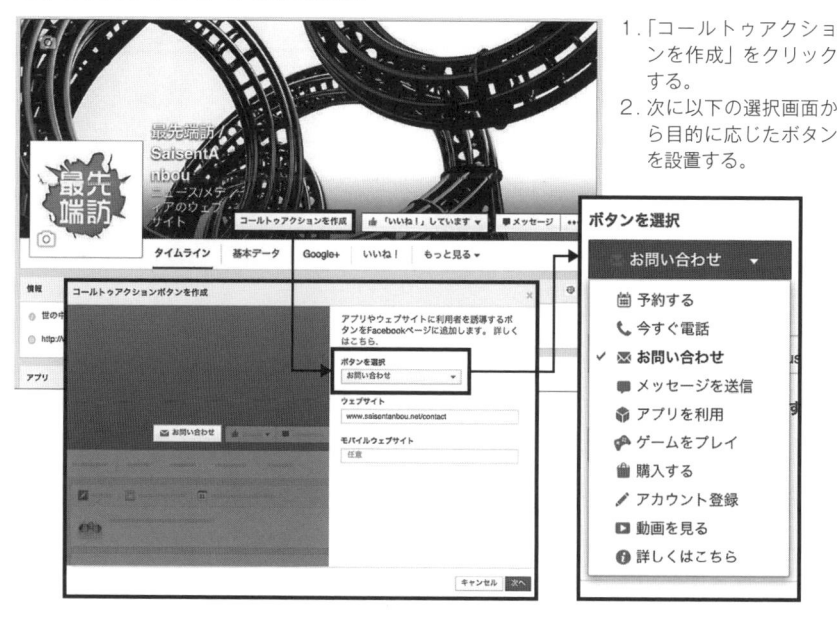

1. 「コールトゥアクションを作成」をクリックする。
2. 次に以下の選択画面から目的に応じたボタンを設置する。

65 Facebookでファンを獲得する

オンラインとオフラインの両方で積極的にFacebookページの存在を知らせていく

　Facebook上でファンを増やすための試みとしては、次の6つのポイントがあります。

①既存のメディアやコンテンツで告知する

　オウンドメディアやメルマガなどを運用していれば、そこでFacebookページのお知らせを流します。

②Facebook上の友達にメッセージを送る

　ダイレクトに友達にメッセージを送ったり、Facebookページの招待機能を使って招待したりします。

③投稿のシェアを増やす

　シェアしたくなるような投稿を継続的にアップしていくことでシェアされる回数を増やし、多くの人にページの存在を知ってもらいます。

④ページに広告をかける

　Facebookは実名登録であり、またプロフィールの項目も詳細です。そのため、ターゲティング精度が非常に高いという特長があります。出稿のコストも少額からできるのでお勧めです。ファン獲得には最も効率的といえるでしょう（Facebook広告については第5章で解説）。

⑤チェックイン機能と連動させる

　リアル店舗のFacebookページの場合は、チェックイン機能と連動させておくことで、ユーザーがページにチェックインした際にリンクがニュースフィードに流れるようになります。

⑥名刺やメールの署名欄、チラシなどにページアドレスを記載する

　社員の名刺やメールの署名欄、DMやパンフレット、チラシなど、目につくところにFacebookアドレスを載せておきます。地道な宣伝活動ではありますが、塵も積もれば山となります。

Facebookページに「いいね!」を増やす方法

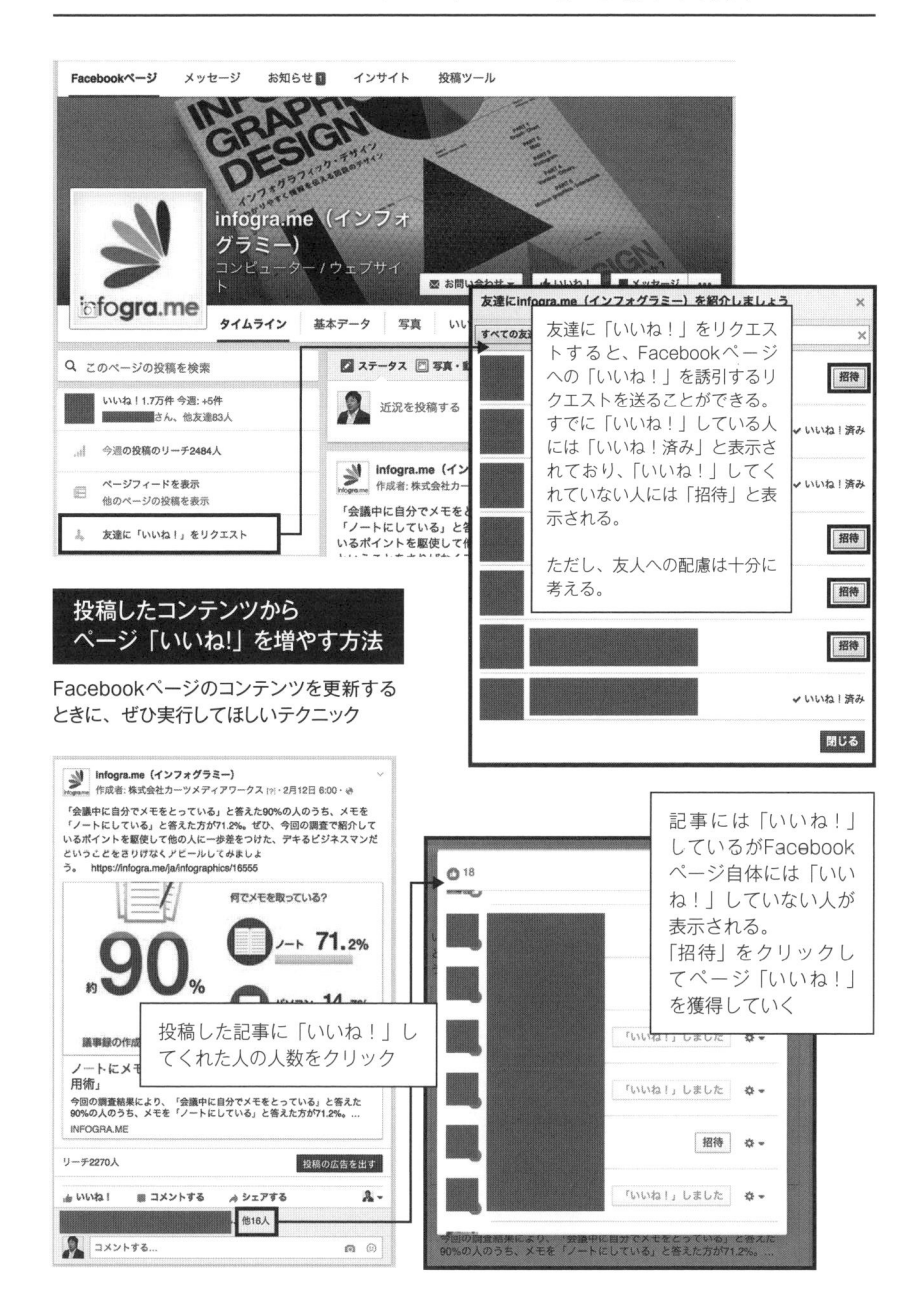

投稿したコンテンツから
ページ「いいね!」を増やす方法

Facebookページのコンテンツを更新する
ときに、ぜひ実行してほしいテクニック

友達に「いいね!」をリクエストすると、Facebookページへの「いいね!」を誘引するリクエストを送ることができる。すでに「いいね!」している人には「いいね!済み」と表示されており、「いいね!」してくれていない人には「招待」と表示される。

ただし、友人への配慮は十分に考える。

投稿した記事に「いいね!」してくれた人の人数をクリック

記事には「いいね!」しているがFacebookページ自体には「いいね!」していない人が表示される。「招待」をクリックしてページ「いいね!」を獲得していく

66 Twitterの特徴と効果

実名・匿名どちらでも利用可能。10代20代の利用者が多く、速報性に優れる

Twitterの特徴は、140文字以内という字数制限があることでした。しかし、この点については制限が大幅に緩和され、最大1万字までツイートが可能になりました。

Twitterの特徴の1つが、Facebookが実名のみでの利用であったのに対し、匿名でもアカウントが作れることです。

匿名性にはメリットとデメリットがあります。まずメリットとしては、気軽に呟いたり、知らない人の呟きにリツイートがしやすく、情報の拡散力とスピードが絶大なことです。 スマホ世代の10代20代ユーザーが多いことも、情報が広がりやすい要因の1つです。

また、匿名性という点を利用して、企業内の運用担当者いわゆる「中の人」のキャラクターをつくり、ゆるい呟きやそのキャラクターの特徴が見える呟きで人気になっている企業も多く見られます。

匿名性のデメリットとしては、無責任に情報を流したり、嘘の情報を流したりするユーザーが一部にいて、情報の信頼性が劣ることです。炎上やなりすましの問題も起きやすくなっています。

Twitterのもう1つの特徴として、ユーザー同士の垣根が低く、企業側からもユーザーをフォローしていきやすい点があります。リツイートしたり、キーワード検索で自社について書かれたツイートを探したり、@tweetでユーザーの疑問に答えたりなどができます。ハッシュタグをつけておくと、同じイベントの参加者や同じ嗜好性をもつ人の様々な意見を閲覧しやすくなります。

Twitterでは、みんなが頻繁にツイートをします。タイムライン上でツイートがどんどん流れていってしまうため、マーケティングに活用するためには、投稿回数やタイミングの工夫をしていくことになります。

Twitterのメリットとデメリット

メリット

- ・匿名でもOKのため、気軽にフォローができる
- ・手軽に情報発信がしやすい
- ・セール情報やキャンペーン情報でも気兼ねなく発信できる
- ・情報スピードが早いので空気を察知できる
- ・専属がいればカスタマーリレーションツールとして使える
- ・クレームなど大きな問題になる前に対処できる
- ・メディアはほぼ使っているため、速報を得られやすい
- ・複数アカウントを作れるため、サービス別で実施できる
- ・企業での情報発信もキャラづくりがしやすい
- ・10代〜20代にアプローチできる

デメリット

- ・匿名のアカウントがいくつも作れるため、信頼度が低い
- ・発言が過激になりやすく、炎上しやすい
- ・現時点では、企業のフォロワーを増やしにくい
- ・タイムラインで流れてしまうので情報が届かない可能性が高い
- ・世界では利用者が低減しており、グローバルマーケティングには一考を要する

67 Twitter利用上の注意点

拡散性が高い分、なりすましや炎上には注意が必要。マナーや
ポリシーを社内で共有しておく

Twitterで一番問題になりやすいのは「炎上」です。Twitterは拡散性が強いため、良い情報も広まりやすい代わりに、良くない情報も一気に広がっていきます。不用意な発言をしたためにユーザーから反感を買い、アカウントが炎上するというのは、よく聞く話です。

一度炎上すると、匿名性が牙を剥きます。とことん袋叩きに遭い、アカウントごと削除を余儀なくされるケースも少なくありません。アカウントを削除する事態になると、それまで構築してきたファンやフォロワーをすべて失ってしまうことになります。たった一度のミスが命取りになってしまうリスクがあるので、十分に慎重にならなくてはなりません。

ユーモアのあるネガティブ発言は、Twitter上でウケることもありますが、人を不快にするような発言はよくありません。特に、競合する会社を中傷したり、自社のブランドを持ち上げて競合のブランドを貶めるような投稿は炎上のもとです。たとえ炎上しなくても、悪口や批判、下品な物言いはユーザーに嫌悪感を与え、企業の信頼性を損ねます。他人の悪口や意地の悪いことばっかり言っている人とは、誰も友達になりたがらないのと一緒です。

うっかり発言やマイナス発言をしないためには、思いつきでツイートをアップしないことです。ユーザーの挑発的な発言に乗らないことも大切です。

うっかり発言やマイナス発言にならないように、しばらく時間を置いてから発言内容を見直してアップするとか、社内の複数人の目でチェックしてからアップするなどの対策をしてください。Twitterをするうえでのマナーやコンプライアンスなどを、社内のガイドラインで決めておくといいでしょう。

Twitterの炎上事例に習う対処方法

本当に炎上するのは企業の対応の遅さや真摯ではない態度によって引き起こされる。何か事件が起きたらまずは「早急に」「誠意をもって」を心がけることが重要。

●モラルハザードパターン

テレビやWebニュースで頻繁に取り上げられるパターン。過去には外食業でアルバイト店員が冷蔵庫の中に入ったり、プライベートで訪れた芸能人を店員が暴露したりと、モラルに欠けるツイートが行われ、そのたびに炎上している。雇用元の企業責任を問われる事態が発生し、企業にとっても大きな損害となる。

また、マネジメントクラスの人が取引先の悪口や社内紛争を投稿して問題になったケースもある。Twitterだけに限ったことではなく、退職時にブログで内情を暴露してしまうケースもある。ブログなど誰も見ないと侮ってはならない。企業価値を損ね、採用活動や業績に大きな影響を及ぼすこともありうる。

対処法

> ①**誓約書、雇用契約書に明記する**
> 　企業の機密情報漏えいに関連する誓約書や雇用契約書を用意し、懲戒やその他約定違反として処分することを文面で取り交わす。
>
> ②**研修を実施する**
> 　しっかりと口頭でソーシャルメディアで安易に仕事上のことを投稿しないように研修を実施する。その際、過去事例を見せるのが最も効果的。

●誤爆パターン

誤って投稿し、その後大きな損害につながるパターン。企業によってはソーシャルメディア担当の裁量が大きく与えられている。しかし、会社の内部情報が流出し、企業価値を落としてしまうケースも発生している。

対処法

> 「人がやることに完璧なことはない」ことを前提に、必ず複数チェックおよび承認フローを確立しておく。

68 Twitterコンテンツの特徴

コンパクトでわかりやすいツイートほど、拡散力を最大限に生かせる

　Twitterの魅力は、短い言葉で本質を言い当てたり、ひと言で笑わせたりするところにあります。よって、冗長にならないことに配慮します。

　そうした内容に配慮したうえで、Twitterならではの拡散を図ります。拡散しやすいツイートの条件には、主に6つあります。これらのどれかを狙って発言をしていくと、リツイートや@tweetが集まりやすくなります。

①気づき「なるほど」「へえ」

　まだ世に出ていない新しい情報や、みんなが知っていそうで知らない情報、「実はこうだった」のように多くの人が勘違いしている情報など。

②お役立ち「これは良い！」

　これまでとは違う商品の使い方やトラブルの解決法など。また、裏ワザ、豆知識、ウンチクなど。

③共感「笑える」「泣ける」「感動」

　パッと見て笑えるもの、あるいは、泣けるもの、感動できるものなど。みんなで感情を共有できるネタ。

④タイムリー「いま、ちょうど気になってた」

　季節ネタ、ニュースネタ、トレンドネタ、テレビ放送やイベントなどと連動したネタなど。

⑤代弁「よくぞ言ってくれた！」「自分もそう思ってた！」

　言いたくてもなかなか言えないことをズバッと言ってくれているツイート、自分と同じ意見のツイートなど。

⑥ツッコミ「ちょっと待て！」「○○かよ！」

　何かおかしなところがあるとか、それは酷いというような、思わずツッコミを入れたくなるネタ。

Twitterのフォロワーを増やすコツ

①インパクトを生み出す「フレンドリー投稿」

現在、一般ユーザーがTwitterを使う主な目的には、①ひまつぶし、②セルフブランディング、③情報収集であり、特定の人とのコミュニケーションはLINEやFacebookで行うことが多いと言われている。こうした背景を考慮しながら、Twitterをマーケティングツールとして活用するには、従来にも増してコンテンツにインパクトを出すアイデアである。その好事例が以下のもの。

●タニタ公式Twitter　　https://twitter.com/TANITAofficial

タニタのTwitterはコンテンツが面白いことに加えて、「軽快さ」「対応の速さ」に工夫がなされている。自社商品がテレビで放送されれば、その商品について広報との連携もされている。
また新卒採用の時期になると、学生たちを対象としたツイートを増やすなど、イベントごとに他部署との連携をとっている。

●キングジム公式Twitter　　https://twitter.com/kingjim

オフィス文具メーカーの同社のTwitterは、他業種の企業Twitterとのコラボレーションを数多く行っている。

②ユニークキャンペーンの実施

Twitterキャンペーンとは、Twitterのリツートや#ハッシュタグを使って応募し、当選者を決定するというもの。企業にとっては商品の訴求に加えて、フォロワーを増加させ、その後のリーチできる人を増やすということを目的として実施されている。

●プレゼントキャンペーン

RT、ハッシュタグで応募して抽選で当選するという王道パターン。ただし、賞品の選定によっては大きな話題になることもある。

●公募型キャンペーン

イラスト、川柳、写真、動画など、作品を特定のアカウントやハッシュタグをつけて投稿することで応募できるパターン。様々なユーザーからのコンテンツを投稿し紹介できる。

　朝夕の通勤退勤の電車内でよく見かける光景として、スマホで動画を視聴する人が大変多いということです。この背景には、2015年の動画マーケティング元年があります。この時期、様々な動画ソリューションサービスが登場しました。その代表格が、Facebookです。スマホで見やすい自動再生を投入し、いまやYouTubeに並ぶ動画プラットフォームとなりました。

　動画の魅力は、その訴求力です。インパクトを与えることも、よりわかりやすく伝えることも、感情を動かすこともできるのが動画です。もはや、動画コンテンツ抜きでは、Webマーケティングは語れません。これにより、企業のマーケティング活動にも変化が起きています。

　そこで本項は、マーケティングの参考に資するため、動画コンテンツの特性を簡単に整理しておきます。

●アテンション型（バイラル・バズ型）

　Web動画でよく見かけるのがアテンション型（注意喚起・興味喚起）の動画です。場合によっては国境を超え、世界中の人が視聴します。タイの泣けるドラマ型のCM（生命保険）、赤ちゃんたちのかわいいダンスのエビアンのCMなどが大きな話題になりました。

●レギュラー番組型（定期配信型）

　テレビ番組のように、毎日もしくは毎週発信するものです。YouTuberやVICE、Tastemadeのような番組が該当します。

●ライブ配信型

　イベントやセミナー、「ダダ漏れ」がライブ配信型番組です。ニコ生やツイキャス、Facebook Live、Periscopeなどプラットフォームも充実してきています。

Webマーケティングと動画の活用

「セミナー」「レビュー動画」など簡単な動画であれば、スマホや編集アプリが充実しているため、社内で作ることはできる。しかし、WebCMやバイラル動画になるとプロフェッショナルに依頼せざるえない。動画制作の流れを理解して「何を外注するか」判断しよう。

■動画制作の大まかな流れ

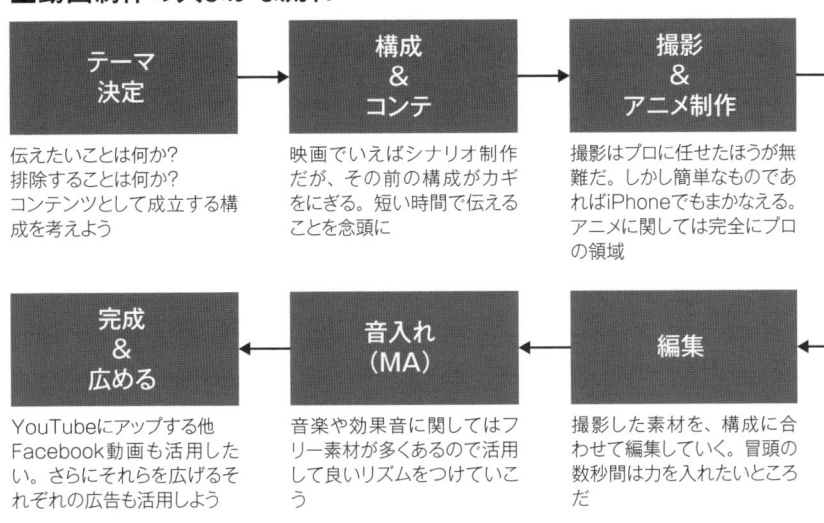

テーマ決定
伝えたいことは何か？排除することは何か？コンテンツとして成立する構成を考えよう

構成&コンテ
映画でいえばシナリオ制作だが、その前の構成がカギをにぎる。短い時間で伝えることを念頭に

撮影&アニメ制作
撮影はプロに任せたほうが無難だ。しかし簡単なものであればiPhoneでもまかなえる。アニメに関しては完全にプロの領域

完成&広める
YouTubeにアップする他Facebook動画も活用したい。さらにそれらを広げるそれぞれの広告も活用しよう

音入れ（MA）
音楽や効果音に関してはフリー素材が多くあるので活用して良いリズムをつけていこう

編集
撮影した素材を、構成に合わせて編集していく。冒頭の数秒間は力を入れたいところだ

■主な動画プラットフォーム

YouTube
動画投稿サイトといえば「YouTube」。1秒に20時間分の動画がアップされる。

Facebook
音無し自動再生と簡単に「シェア」できることから一気に拡大中。

Vimeo
高品質のビデオをアップできるため、クリエーターやデザイナーの活用が多く、PVやCM、イメージビデオが豊富。

Youku（优酷）
中国版YouTube。中国最大手IT企業のアリババ傘下。

ニコニコ動画
ニコ生などライブ中継に強い。独自のツッコミテロップで人気。

70 YouTubeで動画コンテンツを展開する

チャンネルをユーザーに見つけてもらうために、タイトルのつけ方に工夫が必要となる

　YouTubeでは自社保有のページであるYouTubeチャンネルを開設することができ、そこに多くの番組をまとめることができます。Facebookでいうところの「Facebookページ」のようなものです。

　つまり、1つだけの動画に留まらず、しっかりと定期的に動画コンテンツをアップしていくことが重要になります。**ここでのポイントは、チャンネルを見つけてもらうための工夫と、定期的に動画を制作し続ける体制づくりです。**基本的には、最低でも週1本は更新したいところですが、企業のチャンネルとなるとなかなか難しいこともあり、まずは月1本制作することを目指しましょう。

●ユーザーに見つけてもらうための動画SEO

①タイトルには説明的で関連性のあるキーワードを含める。

②長くなり過ぎないように簡潔にまとめる（50〜70文字以内）。

③説明文は250字以内にし、その後にChannelのリンク（URL）やホームページのリンク（URL）を入れて関連づける。

④タグを入れる。動画の全体像を正確に伝えるのに必要なタグのみ使用し、視聴傾向に関して変化や発見があった場合は、それに合わせて動画タグを更新する。

⑤動画をレギュラー化できそうなら、名前のつけ方に一貫性をもたせ、「関連動画」で表示されやすくする。

●チーム体制を作る

　チームは最低限、撮影、ディレクター、編集を兼ねた人がいれば番組を作ることは可能です。しかし、企業が発信するのであれば「クオリティ」は大切です。オープンニングタイトル、音楽、編集も含めて専門チームに依頼するのが無難といえるでしょう。

YouTubeによる動画マーケティング

①Googleアカウントが必要。企業ページを作るときは下記のURLにアクセスする

https://www.youtube.com/channel_switcher

②チャンネル名の設定とカテゴリーを
設定し「完了」ボタンをクリック

③プロフィール画像とチャンネルアートを設定し、「チャンネルの説明」を追加する

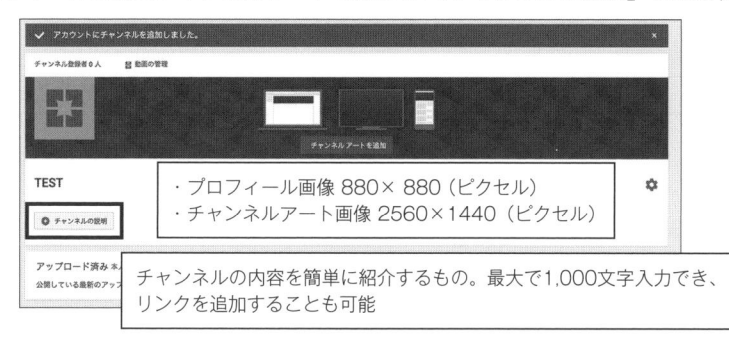

・プロフィール画像 880×880（ピクセル）
・チャンネルアート画像 2560×1440（ピクセル）

チャンネルの内容を簡単に紹介するもの。最大で1,000文字入力でき、
リンクを追加することも可能

●YouTubeチャンネルのブランディングについて（参照：YouTube Creator Academy）

①コンテンツにフォーカスする
　コンテンツの本質を伝えるブランドに配慮する。
②親しみやすさを忘れない
　論理的で一貫性があり、チャンネルのスタイルを表す。どんなコンテンツがあるの
　かがわかるようにする。
③発見しやすくする
　一貫したメタデータ（タイトルや説明文などのテキスト）を使用して動画にタグを
　付けし、SNSで投稿する。

71 Instagramの特徴と運用のコツ

スマホからしか投稿できなかったり、リンクが貼れないなど、スマホユーザーを中心にされていることを考慮する

　Instagramはスマートフォンから画像や動画が共有できるソーシャルメディアのことです。その特徴は以下の4点です。

①写真コンテンツが中心でスマホからしか投稿できない

　現在は動画も投稿できますが、元々は写真を加工してつながるソーシャルメディアでした。そのためPCで閲覧することはできますが、スマホアプリ以外からは投稿することはできません。

②自分が作ったコンテンツしか投稿できない

　TwitterやFacebookと違い、リツイートやシェアという機能はありません。そのためすべて自分で作成したオリジナルコンテンツでなければいけないため、手間も時間も必要とします。

③リンクが貼れない

　他のソーシャルメディアとの大きな違いは、URLを貼り付けることができないことです。つまりオウンドメディアに呼び込むことはできないため、流入目的で運用することはできません。ただし、Instagram広告であれば外部リンクへ飛ばすことができます。

④ハッシュタグ文化である

　基本は、写真の投稿時にテキストを入れますが、長い文章ではなく#（ハッシュタグ）で、見つけやすくします。ビジュアルなので海外からも見つけやすくするため、日本語以外にも英語でハッシュタグをつけることがフォロワーを増やすコツです。

　キャンペーンの実施についても、キャンペーン用の#ハッシュタグを準備し特設サイトなどでお知らせして、写真を投稿してもらう、などシンプルなものが最も有効です。

Instagramに企業がアカウントを作るには

Instagramはスマートフォン専用アプリなので、アカウントを作るにはまずは端末にアプリをダウンロードする。

個人でInstagramを使っている場合、一度ログアウトする。次に新規登録からメールアドレスでアカウントを作成。氏名や電話番号を求められるがスキップしても問題ない。さらに「おすすめユーザー」画面になるがここもスキップしても構わない。
画面がシンプルなため手順としては簡単であるが、ユーザーネームは変えられないのでよく考えて設定する。

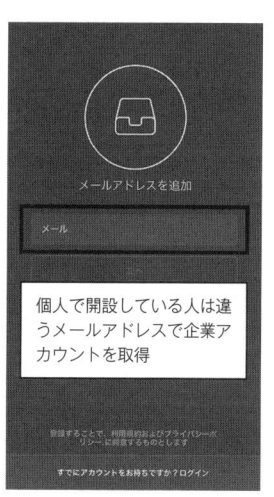

個人で開設している人は違うメールアドレスで企業アカウントを取得

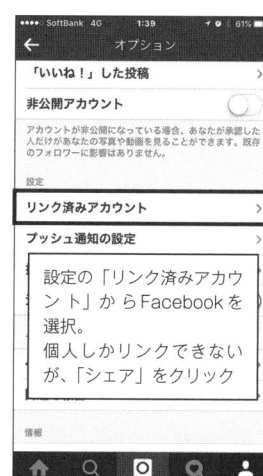

設定の「リンク済みアカウント」からFacebookを選択。
個人しかリンクできないが、「シェア」をクリック

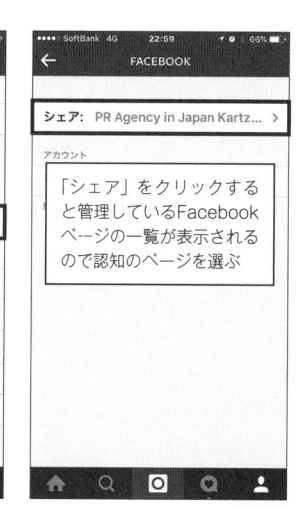

「シェア」をクリックすると管理しているFacebookページの一覧が表示されるので認知のページを選ぶ

InstagramをFacebookページと連携させる方法

1.[リンク済みアカウント] > [Facebook]の順にタップ。
2.デフォルトでは、Instagramアカウントは個人用のFacebookタイムラインにリンクされる。
3.Facebookページにリンクするには、[シェア]をタップして自分が管理するページを選択。

Instagram運営のポイントは「ビジュアル特化」と「#」を活かすこと

●ビジュアルでブランディングしていく必要があるので、できるだけ統一された世界観を目指すこと

●過度な宣伝的な投稿は嫌われる。企業アカウントではあるが、自社のキャンペーンばかりを投稿しないように注意する。またコメントがつけばしっかりと返信することもユーザーとの距離を縮めるポイントとなる

●投稿時に「#ハッシュタグ」をつけて見つけやすくする。Instagramの特徴は#の豊富さ。選別するというより、文章の区切りごとに#をつけていくイメージ。同じハッシュタグはまとめられ一覧になるので偶然の出会いも生まれてくる

72 コンテンツ、広報、ソーシャルメディアは三位一体

3つの相乗効果によってマーケティング効果は高まる。全体像を描き、連携化を図る

　企業によっては、コンテンツマーケティングをする部署、ソーシャルメディアをする部署、広報を行う部署というようにマーケティングの担当部署が分かれている場合があります。しかし、コンテンツマーケティング、広報、ソーシャルメディアは常に一心同体でなくてはなりません。なぜなら、分散すると効力が半減してしまうからです。

　分散化を防ぐためには、自社におけるマーケティングの全体設計図を描き、それぞれを連携化させていくことです。

　年度目標、月々の目標、各コンテンツの役割などを数値や言葉で具体的に示したり、「各々のマーケティング手法によって何を成し遂げたいのか」のテーマやゴールを明らかにしたりします。そのうえで、マーケティング担当者たちが全体でそれを共有し、皆が同じ方向を向いて戦略的にマーケティングを進めていきます。

　わかりやすく例を挙げると、「○○というメディアに掲載されました」とか「社長が○○にインタビューされました」という情報はマーケティングにとって有効です。ただし、これを成立させるためには、まずメディアに取り上げられるための「広報の力」が必要になってきます。魅力ある見せ方にするには「コンテンツの力」が必要です。より多くの人に見てもらうには「ソーシャルメディアの力」も必要です。これらが立体的に機能し合うことで相乗効果が発揮されるのです。

　これら3つの連携を図るのに必要となってくるのが、マーケティング全体を管轄・指揮するCMO（チーフマーケティングオフィサー）です。CMOはマーケティングの全体像を描き、人員を管理しながら戦略的なWebマーケティングを実現していきます。

総合的にソーシャルノイズを上げる

ソーシャルノイズ（ソーシャルメディア上の様々な評判・意見）はすべての
マーケティング施策と紐づいていく。ノイズは決してポジティブなものばか
りではないが、たとえネガティブなものが出てきても「対応」することがで
きるのがソーシャルメディアの利点だ。

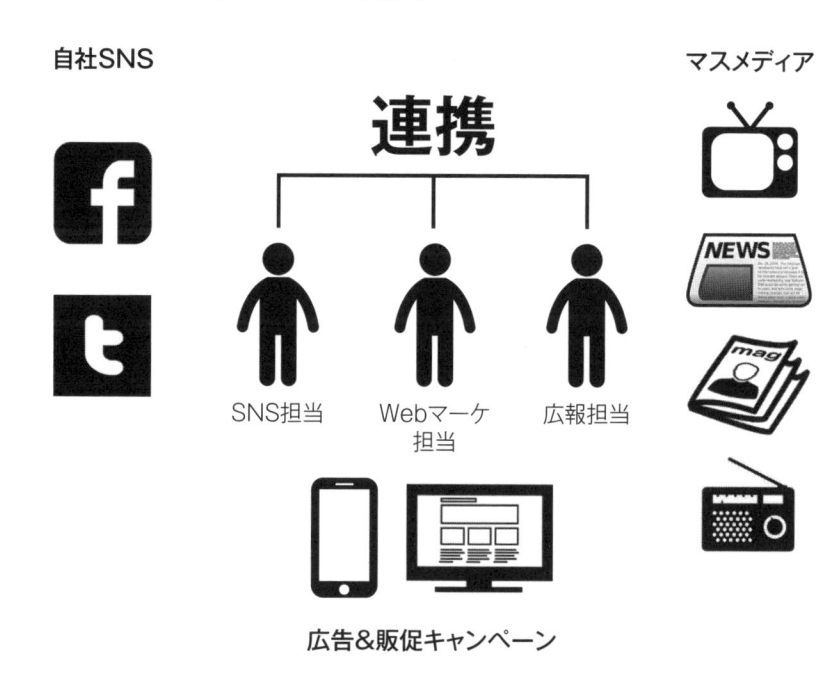

ソーシャルリスニングツールを活用する

自社のソーシャルメディアの分析に加えて、商品やサービスの評判などは
ソーシャルリスニングツールでモニタリングできる。ビッグデータと呼ばれ
るソーシャルメディアデータをCRMやクレーム対応、商品開発に役立ててい
こう。以下はおすすめのソーシャルリスニングツール。

- **クチコミ@係長**：https://www.hottolink.co.jp/service/kakaricho
- **Beluga（ベルーガ）**：https://beluga.uniquevision.co.jp/
- **ソーシャルインサイト**：http://social.userlocal.jp/

73 グローバル時代の Webマーケティング戦略

これからの日本企業は海外ビジネスが不可避。現地メディアを巻き込む戦略が必要になる

これからは海外を無視してWebマーケティングはありえません。その根拠は3つあります。

1つは、**訪日外国人の獲得を推進する国の施策です**。政府はこの国を観光立国として世界にアピールし、地方創生を図っています。すでにアジアや欧米から多くの観光客や買い物客が日本を訪れ、活発な消費活動を行っています。2020年には東京オリンピックが控えており、訪日外国人のインバウンドはさらに加速することが明らかです。

2つめは、**日本の内需縮小です**。日本の人口は少子高齢化で減少傾向に転じており、今後ほぼ確実に国内マーケットは縮小していきます。ビジネスの舞台はおのずと海外へと移行し、外国人を相手に商品やサービスを売っていく時代になります。

3つめは、**アプリやWebサービスには国境がないことです**。どこの国にいても課金ができるシステムが構築されており、現地に法人がなくてもビジネスが可能です。つまり、現地のメディアを上手に利用すれば、日本に居ながらにしてマーケットが操作できる「マーケティングコントロールタワー」になれるのです。

このように、海外ビジネスは、遠い未来の話ではなく、ごく近未来の必須課題になっているのです。

日本で海外向けのビジネスをしようと思うと、海外メディアへの掲載は不可欠です。諸外国に向けていかにプレスリリースを発信し、メディアに取り上げてもらうかがカギになってきます。

そこで活用すべきはソーシャルメディアです。海外では日本以上にソーシャルメディアの接触時間が長くなっています。現地のローカル言語、文化に合わせたコンテンツを発信していくことがポイントになります。

ソーシャルメディアで海外マーケティングを実施していく

訪日外国人数は国の政策もあり2000万人を超える勢いとなり、東京オリンピックも控えているため、今後ますます外国人観光客が増加する。また、アプリやWebサービスなど国境のないサービスも次々と生まれ、海外マーケティングはもはや日常的に行っていく重要な業務である。

日本からできる
マーケティング施策
が急増

マーケティングコントロール
タワーの役割をする

国内から海外向けマーケティングを実施しやすくなった要因4つ

1. Facebookが世界15億人が利用しており、Facebook広告でリーチできる。特にアジア圏でのFacebookユーザーは急増しておりマーケティングに活用できる

2. クラウドソーシングサービスが充実し、翻訳のほかに現地のマーケターやクリエイターなどプロフェッショナルなどの活用が安価で、しかも容易になった

3. Webマーケティングの代名詞である「Googleアドワーズ」のほか、「YouTube広告」「ソーシャルメディア広告」でほぼ全世界の経済圏にアプローチできる

4. 海外向けメディアへのプレスリリースのハードルが下がり、海外メディアにも気軽に情報発信できるようになった

ソーシャルメディア　facebook　twitter　Instagram

Webメディア　海外向け Press Release

74 ソーシャルメディア
マーケティングを分析する

FacebookやTwitterの解析ツールを使って、エンゲージメント率を測定する

ソーシャルメディアマーケティングの効果検証において、最も重視すべき指標が「エンゲージメント率」です。エンゲージメント率とは、FacebookやTwitterのユーザーからの好意的な反応がどれほどあったかを図る指標のことです。「率」とあるようにその指標は「%」で表します。たとえばFacebookの場合、1000人のユーザーのうち100人が「いいね！」をクリックしたりコメントを書いたりすれば、エンゲージメント率は100人÷1000人×100％＝10％となります。

効果測定にはこれ以外にもいくつかの指標があります。基本となるのが、以下に示すようなものです。

●フォロワー数・ファン数・チャンネル登録数

Facebookページのファン数、TwitterやInstagramのフォロワー数、YouTubeのチャンネル登録数など。

●投稿コンテンツの反応

FacebookページやTwitterへの投稿記事、InstagramやYouTubeの写真や動画の反応

これらは、「Facebookページインサイト」や「Twitterアナリティクス」などの解析ツール（無料）を使えば、容易に把握することができます。これらのツールによってユーザー属性などがわかり、WebマーケティングのPDCAを回す意味でも有効活用したいものです。

Facebookページインサイトであれば、「ユーザーの性別や年齢」「反応の良い曜日や時間帯」「投稿したコンテンツ」などがわかります。ファンの実態、投稿すべき曜日や時間帯、反応のある投稿などが見える化できるようになります。ただし、これらのツールを活用するには、ある程度の熟練が求められます。

ソーシャルメディアマーケティングの効果測定指標

ソーシャルメディアマーケティングにおいて最も重要な指標は「エンゲージメント率」である。「ページいいね！」や「フォロワー数」が多くても情報が届いていなければ意味がない。さらに、自社のことを「好き」と言ってくれるファンが増加しなければ運営の意味がない。

●効果測定の指標

「Facebookページ」いいね！数
記事：「記事いいね！」数、コメント数、シェア数
CTAボタンクリック数、WebサイトURLクリック数

twitter
クリック数
リツイート数
返信
フォロワー数
お気に入り登録数

Instagram
お気に入り数
コメント数
フォロワー数
クリック数

エンゲージメント率が高い＝「リピーターが増える」ではない！
「愛される」ブランド・商品・サービスを目指す

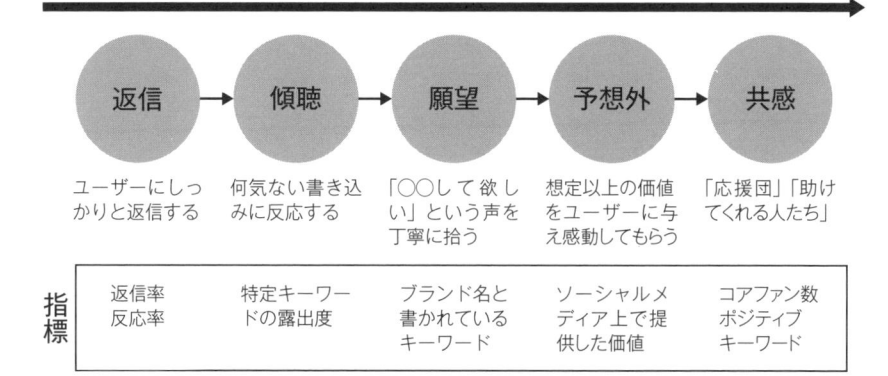

	返信	傾聴	願望	予想外	共感
	ユーザーにしっかりと返信する	何気ない書き込みに反応する	「○○して欲しい」という声を丁寧に拾う	想定以上の価値をユーザーに与え感動してもらう	「応援団」「助けてくれる人たち」
指標	返信率 反応率	特定キーワードの露出度	ブランド名と書かれているキーワード	ソーシャルメディア上で提供した価値	コアファン数 ポジティブ キーワード

●「どれだけ薦めてくれるのか」を測るNPS（Net Promoter Score）

身近な人（友人・家族・知り合い）にその商品・サービス・企業を薦めたいか？ということを10段階で評価するという計測方法

Q:当社もしくは当社の商品・サービスを家族や友人にお薦めする可能性はどれほどありますか？

0　1　2　3　4　5　6　7　8　9　10

NPS指数＝推奨者の割合（%)−批判者の割合（%)

第4章のまとめ

ソーシャルメディアマーケティングのチェックポイント

- ☐ Facebookページ、Twitter、Instagram、YouTubeなどを一気にスタートしようと考えていないか？　そうであれば、まずは1つからスタートしよう。
- ☐ 短期的な売上げアップには、ソーシャルメディアマーケティングは向いていないことを認識しているか？
- ☐ ただし、エンゲージメント率の高いアテンション型のコンテンツを発信できたとき、直接的な売上げに結び付くことを忘れてはいけない。
- ☐ Facebookの特性（友達同士のシェア）、実名性、1人1アカウント制など理解しているか？
- ☐ Twitterの匿名性がもつメリットとデメリットを理解しているか？
- ☐ 流行だからといって、Instagramを安易にスタートしようとしていないか？
- ☐ ファッション、美容、インテリアなど10代から20代に関してはInstagramの反応は高いことを認識しているか？
- ☐ 現在、日本国内において最もマーケティング効果が出しやすいのがFacebookページ運用（コンテンツ&広告運用）である。
- ☐ インフルエンサーに注目して、キャスティングを検討してみる。
- ☐ インフルエンサーをリサーチする際に、Twitterのフォロワー数だけを見るのはやめる。
- ☐ インフルエンサーとは長期的な関係を前提として、まずは勉強会や講演などに参加してリアルの場でつながる。
- ☐ 日々のコンテンツ発信の中でエンゲージメント率が高いコンテンツを把握しているか？
- ☐ 自社ソーシャルメディアを強化・連携して、広報力をアップさせる。

第5章

ペイドメディア戦略の基本と実践

75 ペイドメディア戦略の狙い

オウンドメディアでもアーンドメディアでもリーチできない層にリーチができる。スマホのさらなる普及に伴い増加していく戦略

ペイドメディアとは、いわゆる「広告」のことです。企業が広告費を支払って自社の広告を掲載する従来型のメディアを指します。

おもにテレビ、新聞、雑誌、ラジオの4マス広告やWeb広告、イベントのスポンサーシップなどがここに分類されます。**役割としては、オウンドメディアやアーンドメディアに見込み客を誘導することです。**

ペイドメディアでは、これまでに説明をしてきたオウンドメディアやアーンドメディアでは、リーチできない層に到達させることが可能です。**自社の商品やサービスの存在を認知していないが、興味関心をもつ潜在顧客との接点をつくり、認知させることを得意とします。**

企業が「広告枠」を購入し、消費者へ情報発信を行う広告メディアでは費用を多くかけるほど、多くの消費者にリーチさせることができます。

一方で、ペイドメディアは、消費者とのコミュニケーションが、発信のみと一方通行になりがちといわれます。**ペイドメディアを活用して消費者にリーチし、その後、オウンドメディアやアーンドメディアとうまく連携をすることで、効果を最大化することができます。**

また、近年では4マス広告と比較してコストが安く、ターゲット選定がしやすいWeb広告の活用が増えています。

インターネット利用者の増加に伴い、消費者の動向がWebにシフトし、新聞や雑誌などの紙媒体の購読率が低下していることもWeb広告の活用増を後押ししています。

さらに、スマートフォンの普及に伴い、ますます消費者とインターネットとの接触時間が長くなる現代において、Web広告の有効的な活用がより重要になってきます。

目的別ペイドメディア活用

自社状況・競合他社状況を鑑みて、目的やアプローチターゲットを検討し、具体的な媒体・メニュー・展開を考える

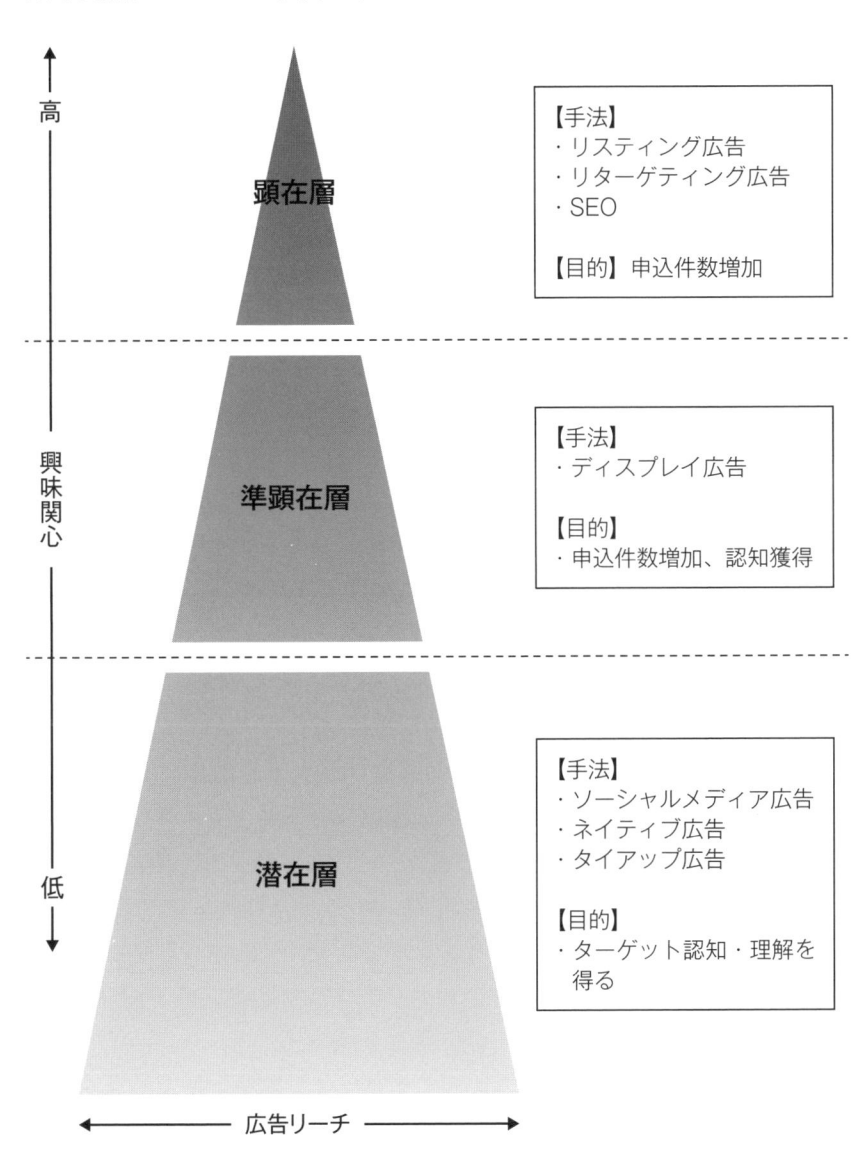

76 Facebook広告の強み

友達からの投稿と同じ感覚で広告を見てもらえる。ターゲティングの精度も極めて高い

　Facebook広告は、Facebookのコミュニティー内で表示される広告です。Facebookのアクティブユーザーは日本国内に2500万人以上（2016年末現在）いるといわれており、その人たちに向けて広告を表示することができます。

　Facebook広告の最大の特徴は、ターゲティングの精度の高さでしょう。アカウントを取るときに記入する個人情報の項目が多く、これをもとに対象ユーザーを絞り込めます。中には必要最小限の個人情報しか書かない人もいますが、「年齢」と「性別」はアカウント登録に必須です。

　他のオンラインメディアでは、「このユーザーはたぶん女性だろう」「おそらく30代と思われる」というアタリをつけることしかできませんが、Facebookは確実に年齢と性別が絞り込めるので、これだけでも十分なターゲティングになります。

　参考までに、Facebookのターゲティングの精度は、「97.8％」です（Millward Brown Ad Index by Kantar Japan, July 2014による）。

　ターゲットを絞り込むことで、どんなメリットが生まれるかというと、ピンポイントの広告をユーザーに投げかけることで、メッセージ性が非常に強くなります。

　たとえば、ユーザーの年齢に合わせて、「32歳女性のあなたに」「新成人のあなたに」などの広告を送ることができます。記念日が登録されていれば、そのタイミングで花束やアクセサリーなどプレゼントになりそうな商品の広告を送ったりすることも自在です。

　また、時間帯を選んでの広告配信も可能です。瞬間的なトレンドワードに関連した広告をゲリラ的に配信するといったこともできます。

Facebook広告のターゲティング機能

Facebook広告の大きな特徴は、会員が登録時に入力する様々な情報（生年月日・学歴・職場など）に紐づく詳細なターゲティングが可能という点だ。これは、これまでGoogle一辺倒だったWebマーケティングに変革をもたらした。

GoogleアドワーズとFacebook広告の大きな違い

PULL型

Google

「検索」というニーズ・ウォンツに対して広告をレスポンスするPULL型

検索というターゲティング

PUSH型

facebook

ターゲティングした対象者がタイムライン（TOPページ）をスクロールしていくPUSH型広告

プロファイルというターゲティング

●Facebookのプロファイルを元にしたターゲティング項目

ユーザー情報

- Gender／性別（男・女）
- Age／年齢
- Birthday／生年月日
- Location／地域 国,都道府県・市区町村
- Relationship／交友関係
- Education／卒業・在籍校・学歴・専攻
- Workplace／勤務先・役職・業界
- Language／言語
- Children／子供がいる人、生まれる予定の人

ライフイベント

- Moving／引っ越し、駐在
- Engage／結婚、婚約
- Anniversary／近日誕生日・記念日を迎える
- Status／遠距離恋愛、家族・出身地から離れた所に住んでいる
- Travel／よく旅行する人、旅行から戻った人、旅行予定

興味・関心

- Page & Applications／好きなWebやアプリ
- Gaming／好きなゲームのジャンル
- Activities／関心ある活動
- Interests／興味の対象、好きなもの　etc.

つながり

- 特定ページのファン、ファンの友人、ファン以外
- 特定アプリやイベントとのつながり

端末情報・接続状態

- OS（iOS、Android etc.）
- OS バージョン（例：Android4.1）
- Device／携帯端末（iphone6,Samsung、HTC etc）
- 利用ブラウザ（IE、Chrome、Safari、FF etc）
- Wifi 接続環境ユーザー（大容量アプリのインストール向け）

Facebook広告の構成要素

4つの要素の掛け合わせで広告のパターンが決まる。商材と目的に合わせて選択する

Facebook広告は、「掲載面」「メニュー」「買い方」「配信手法」の4つの要素で構成されます。商材や目的などに合わせてこの4つを掛け合わせ、最適な広告を作っていくことになります。

まず、広告の掲載面についてです。

パソコン画面上でFacebookを開くと、画面の右側に広告エリアがあります。ユーザーの行動の起点となるホーム画面はもちろん、その他のページにもあります。また、広告はニュースフィード内にも表示されます。一見すると友達の投稿と同じように見えるので、ユーザーは自然に広告を受け入れることができます。広告とユーザーとの結びつきの高い掲載場所です。

スマホで見る場合は、広告エリアはなくタイムライン上に広告がダイレクトに表示されます。画面いっぱいに広告が表示されるのは、Facebookだけです。ちなみに、広告を配信するときにスマホ用の設定などは一切必要ありません。

「メニュー」については次項で説明します。

Faccebook広告の「買い方」と「配信方法」の主流は、クリック課金とインプレッション課金です。CPC（クリック単価）は広告がクリックされるごとに課金されるタイプで、CPM（インプレッション単価）は1000回表示を1セットとして広告料が発生します。Googleアドワーズ同様に運用することで、このクリック単価を下げていき、目的達成のための投資対効果（ROI）を高めるようにしていきます。

Facebook広告では独自アルゴリズムにより自動的に効果の高い広告（広告文＋クリエイティブ）を多く配信してくれるので、必ず1つのキャンペーンで複数の広告を入れるようにして運用します。

Facebookのキャンペーン構造

Facebook広告によるキャンペーンは3階層の構造になっている。1番上の階層は「広告キャンペーン」、2番目に「広告セット」、3番目に「広告」となっている。

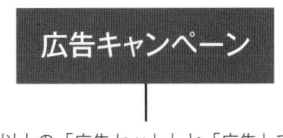

①「キャンペーン」
- ●広告キャンペーンは1つ以上の「広告セット」と「広告」で構成される
- ●各キャンペーンごとに広告目的を選ぶ
- ●複数の広告セットと広告のパフォーマンスを一括して測定することができる

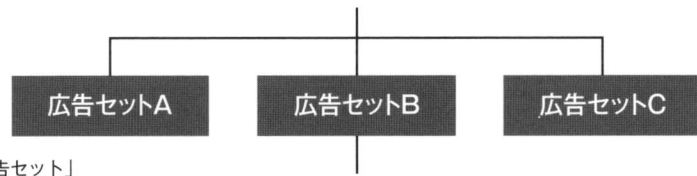

②「広告セット」
- ●ターゲット設定、予算、スケジュール、入札、配置など条件を設定する
- ●1つ以上の「広告」を含み、キャンペーンターゲットごとに作成する

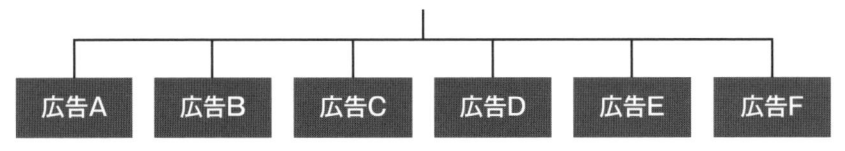

③「広告」
- ●「広告セット」で設定した共通の状況下で広告素材を設定する
- ●20%ルールを守る

●Facebook広告掲載面

モバイルニュースフィード　　デスクトップニュースフィード　　PC右側広告枠

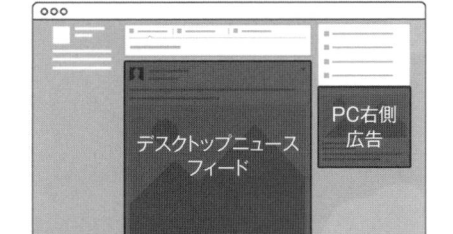

78 Facebookの広告メニュー

外部Webサイトへの誘導、動画再生、アプリにインストール、投稿記事への好意の喚起、「いいね!」を増やすなどの目的ごとに採用できる

Facebook広告のメニューには、次のものがあります。

①Link Ad

外部のWebサイトに誘導することを目的とした広告です。広告内のURLや写真、企業名ロゴなどにリンクが貼られており、ユーザーがそれらをクリックすると外部のリンク先に遷移します。

②Carousel Ad

これも外部のWebサイトに誘導することを目的とした広告です。画像が最大6つまで設定でき、横スクロールすると画像が次のものに変わります。たとえば、カタログ風に複数商品を紹介したり、連続したクリエイティブを作ってストーリーを見せていくといった使い方ができます。

③Video Ad

動画の再生をさせることを目的とした広告です。

④Mobile App Ad

アプリのインストールをさせることを目的とした広告です。「アプリを利用」「購入する」「予約する」「ゲームをプレイ」「音楽を聴く」などのボタン設定ができます。

⑤Photo Ad

Facebookページが投稿した記事に対して、好意的な反応を高めることを目的とした広告です。

⑥Page Like Ad

ページへの「いいね!」を増やすことを目的とした広告です。

⑦Lead Ad

見込み客の獲得を目的とした広告です。メルマガ、会員登録、サンプリングキャンペーンなどに必要な情報を収集できます。

豊富なFacebook広告メニュー

Facebookトップページの左サイドメニューから「広告を作成」をクリックすると広告メニューの一覧が表示される。

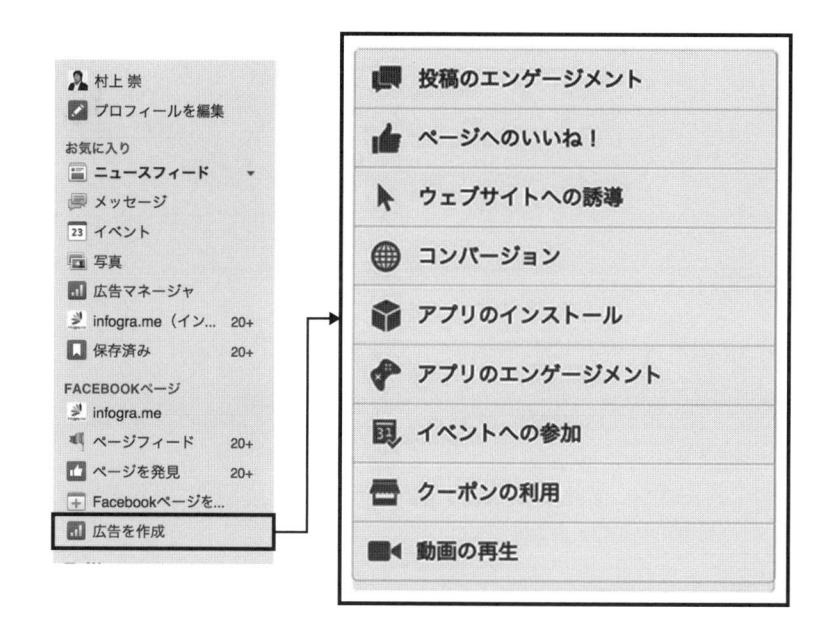

●Facebookページを開設してから使う広告メニュー

初めてFacebookページを開設し広告を使う場合、「投稿のエンゲージメント」「ページへのいいね！」の2つからはじめてみよう。

「投稿のエンゲージメント」
投稿した記事のリーチ数をアップし、「いいね！」やコメント、シェアなどアクションを促進していく。

「ページへのいいね!」
Facebookページの「いいね！」を促進し、ファン数の増加を実行する。

79 Facebook広告を作る

見出し、本文テキスト、画像などをルールに従って作成する

　Facebook広告の見出しは、ユーザーの関心を惹きつける意味で重要です。25文字まで書き込めます。**「クリックしたら、どんな情報が出てくるのか」のイメージを膨らませるような見出しを工夫しましょう。**

　次に本文ですが、上段と下段に2ヵ所、テキストを書き込めます。字数は上段が90文字、下段が200文字です。見出しの下に表示されるテキストは、文字が小さく、色も淡いグレーで表示されるため、視認性が良くありません。広告としての効果はあまり期待できません。

　画像は、テキストよりも広告としての力をもちます。ぜひとも掲載してください。

　どんな画像がターゲットに訴求するかは、いろいろと試行錯誤をしてみないと最初のうちはわからないと思います。複数の画像を使って効果を比べながら、ベストなものを選択していきましょう。

　Facebookの画像は1200×628ピクセルが推奨サイズとなっています。また、画像には「**20％ルール**」というのがあります。画像に文字を重ねるときに、文字の占有率を画像の20％以内に留めなくてはならないというルールです。これを破ると掲載が許可されないので注意が必要です。

　広告メニューのうち、Link Ad、Video Ad、Mobile App Adについては、ユーザーのアクションを促す「CTAボタン（コールトゥアクション）」を設置することができます。

　CTAボタンは、広告ユニット内の右下にあるボタンを長押しすると、タブが開きます。項目は「購入する」「詳しくはこちら」「アカウント登録」「予約する」「ダウンロード」があります。広告の目的に合わせてアクションを選択しましょう。

Facebook広告を作るポイント

●ページ広告の構成

①ソー・シャルコンテキスト
利用者がエンゲージメントを行ったことがある場合、利用者にその情報が表示される。

②**事業名**
事業の名称は、目立つトップに表示される。

③**テキスト**
広告の内容に関する詳しい情報を提供して興味を引くようにしよう。

④**画像と動画**
訴求力のある画像や動画でターゲット層のエンゲージメントを促そう。

⑤**コールトゥアクション（オプション）**
クリックを促す、カスタマイズができるボタン。

●Facebook広告デザインの推奨事項

広告がFacebookのどこに表示されても美しく見えるようにするには、以下のガイドラインに沿ってデザインする。

　推奨画像サイズ…1,200 x 628ピクセル
　テキスト…90文字以内
　見出し…25文字以内
　リンクの説明…30文字以内
　※画像の20%を超える面積をテキストが占めないこと

●アクションしてもらいやすい広告とは

Facebook広告の大きな特徴である高度なターゲィング。それをしっかり活かすためにはターゲットに対して「気づきを与える」ことに集中しなければいけない。

①広告タイトルと説明文は、ターゲティングした人の特徴をしっかり入れる
　例：埼玉県大宮市在住の方に限定したターゲティングであれば、「大宮市にお住まいの方限定のお得情報！」など

②写真にこだわる
　広告の情報の8割を占めるのは「画像」。中でも写真は、食べ物であればシズル感、風景であれば構図、人物であれば容姿、などこだわりたい。それにより大きくクリック率が変わる。

80 Facebookに広告を出稿する

作成した広告を実際にFacebookに出稿する。手順はいたって簡単

　自社のWebサイトへのアクセスを増やすための広告をアップロードする手順を説明していきます。

　まず、事前にFacebookページを作成しておきます。そうしないと、作成した広告がユーザーのニュースフィードに表示されません。

①Facebookにログインした状態で、画面右上にあるプルダウンメニューを開きます。すると、「広告を掲載」というメニューが出てきますので、ここをクリックします。続いて「ウェブサイトへのアクセスを増やす」をクリックします。

②あらかじめ用意してある遷移先のURL（ここでは自社サイトのURL）を入力し、キーボードの「Enter」キーを押します。

③作成画面が表示されたら、ターゲット層、予算、表示期間、広告テキスト、広告画像を入力します。

④すべての必要項目が入力できたら、画面右下にある「注文を確定する」ボタンをクリックします。これで広告はできました。

⑤最後に、広告料金の支払方法を決定します。クレジットカードによる支払いを選択し、クレジットカード情報を入力します。

⑥これで出稿手続きは完了です。

　出稿手続きがすべて終わると、自動的に「広告マネージャ」画面が表示されます。これ以降は、この広告マネージャで、広告の管理や広告効果の見極めなどを行っていきます。

　実際に広告が表示されるのは、審査が終了してからです。審査が通れば自動的に広告が配信されます。

　いきなり配信されたくない場合は、この時点で広告を「非アクティブ」にしておきます。

Facebook広告を実践してみよう

ここではFacebook広告メニューの「Facebookページの宣伝」（ページへのいいね！）を選択した場合の広告設定を解説する。

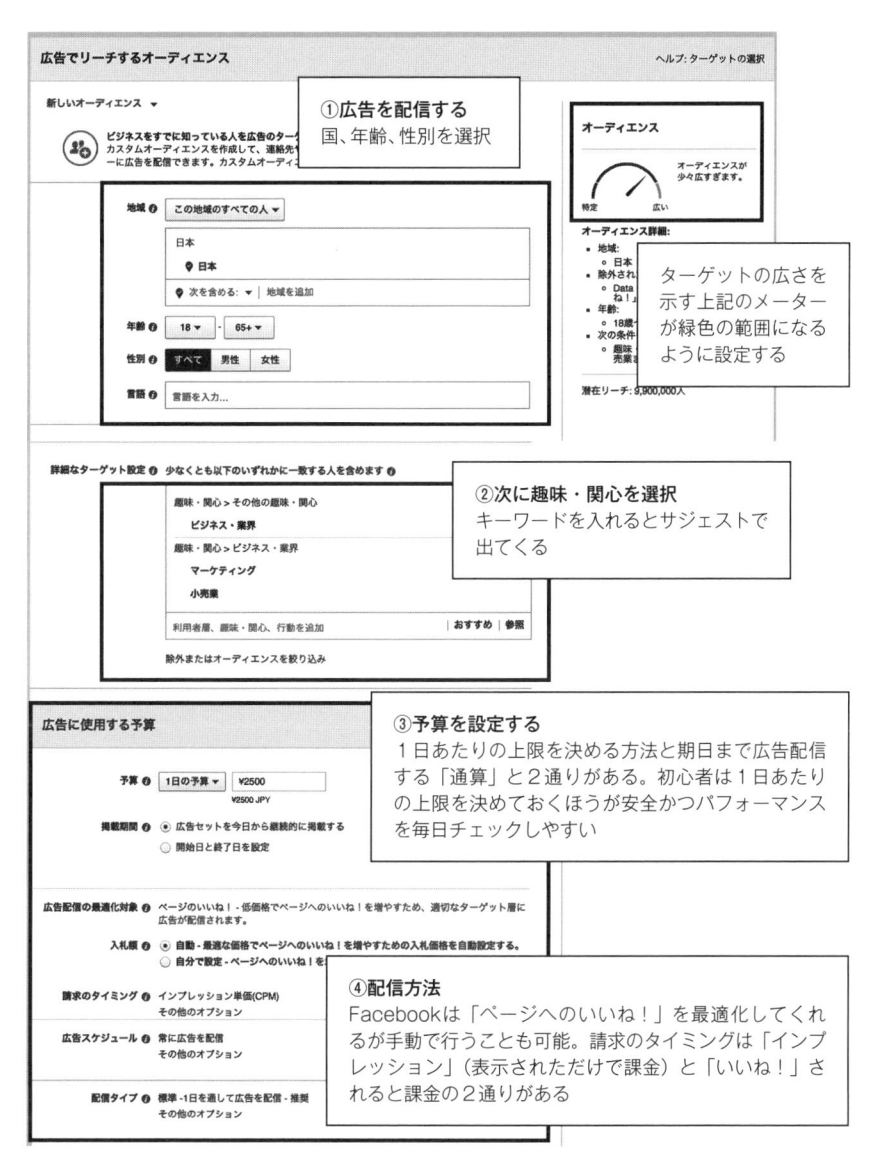

81 Twitter広告の強み

拡散性の高さとフォローへのハードルの低さが特長。ターゲティングの精度も高い

Twitter広告の強みは、何と言っても「拡散力」と「リアルタイム性」です。日本におけるアクティブユーザーは日々増加しており、特に10代20代の若い世代への訴求に優れています。男女比はほぼ半々です。

世界規模で見ると、月間アクティブユーザーは3.2億人、1日のツイート数は5億ツイートにもなるといわれています。ユーザーの80%はモバイルでの利用です。

Twitter広告は、Twitterユーザーのタイムラインや検索結果に掲載されます。広告を見たユーザーが「これは面白いツイートだ」と思うと、どんどんリツイートされ、より多くの人へと拡散していきます。

Twitterでは、「知り合いだから」「友達だから」という理由よりも、「自分がこの人のツイートを読みたいから」「この人の発言に興味があるから」という理由でツイートやフォローをしていく傾向があります。つまり、まったく見ず知らずの相手でも、発言が面白ければフォローされていくのです。そういう意味で、面白い広告ツイートを打てれば、拡散していくことは決して難しくありません。

Twitterのターゲティングは、Facebookほどではありませんが、それなりに高い精度が期待できます。

たとえば、特定のアカウントをフォローしているユーザーだけを選んだり、特定のイベントにエンゲージしているユーザーを選んだりできます。また、Twitterユーザーの興味関心は360以上のカテゴリーがあり、ターゲットの絞り込みに役立ちます。

コスメ企業が美容雑誌のアカウントをフォローしているユーザーだけを抽出して広告ツイートを配信するといったことができます。

Twitter広告の特徴

2015年11月にTwitter広告はGoogleやFacebookのように自社で広告を出稿・運用できるサービスを開始。これにより幅広い広告メニューを内部でPDCAを回すことが可能になった。

プロモトレンド

話題になっている言葉やハッシュタグを表示する「トレンド枠」の最上段に表示される広告

プロモツイート

ツイートのエンゲージメント獲得を目的とした広告。「クリック」「リツイート」「お気に入り」「フォロー」「返信」を獲得する

プロモアカウント

「フォロワー獲得」を目的とした広告で、ユーザーのタイムライン・おすすめユーザー欄に表示される

Twitter広告のメニュー

URL :https://ads.twitter.com/

上記URLからTwitter広告TOPページにいき、「新規作成」から目的に応じた広告を選択。「フォロワー増加」や「ウェブへの誘導」「動画再生数」などFacebookと同じようなメニューが並ぶ。

【課金モデル】

Twitter広告ではすべての広告メニューに共通して「目的型」の課金モデルの形をとっている。フォロワーを増加させる、など設定した目的を達成した場合のみが課金対象となるため、高いROIが期待できる。

82 Twitter広告のメニュー

フォロワーを増やす、ツイートを拡散する、トレンド枠を買い取るなどの目的別メニューがある

Twitter広告のメニューには、「プロモアカウント」「プロモツイート」「プロモトレンド」の3つがあります。

プロモアカウントは、ターゲットとするユーザーに対して広告主のアカウントを勧めます。アイコンやアカウント名をクリックすると、広告主のプロフィール画面が開きます。ユーザーが「フォロー」をクリックしてくれれば成功です。課金は1フォロー獲得ごとに発生します。1フォロー40円からが基本です。

プロモツイートは、ターゲットとするユーザーのタイムラインの一番上に、広告主のツイートを表示します。

広告のかけ方としては、キーワードを入札することになります。表示された広告ツイートに対するユーザーのアクション（リツイート、お気に入りに入れる、クリックなど）に対して課金されます。1アクション10円から入札が可能なので、予算的なハードルは低めです。

プロモアカウントとプロモツイートは、エンゲージメントしたユーザーがリツイートすることによって拡散していきます。

プロモトレンドは、トレンドトピックの一番上のポジションに、広告主が指定したトレンドワードやハッシュタグを24時間1社限定で表示します。ユーザーがクリックすると、検索結果ページとともにキーワードに紐づいたツイートが表示されます。1日1社買いきり枠になるので、広告料も高額になります。

プロモトレンドに広告をかける場合は、基本的にプロモツイートも併用することになります。

自社の目的に合わせて、3つのうちから選んだり、組み合わせたりして最適化を図ります。

Twitter広告の特徴

「Twitter×テレビ」他にはないTwitterの強みを活かす!

TwitterはGoogleやFacebookに比べて、広告対応が出遅れた感が強いが、Twitterならではの強みを活かした広告メニュー、あるいは、広告手法があることが大きな特徴。テレビを見ながら感想や意見をツイートするユーザーが多く、テレビ番組にターゲティングして「プロモツイート広告」を出稿できる。

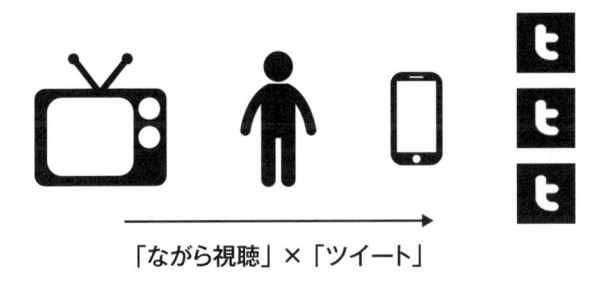

「ながら視聴」×「ツイート」

●TVターゲティングの特徴

TVターゲティングでは、特定したTV番組が放送中、放送前後に反応しているユーザーに向けてプロモツイートを表示できる。

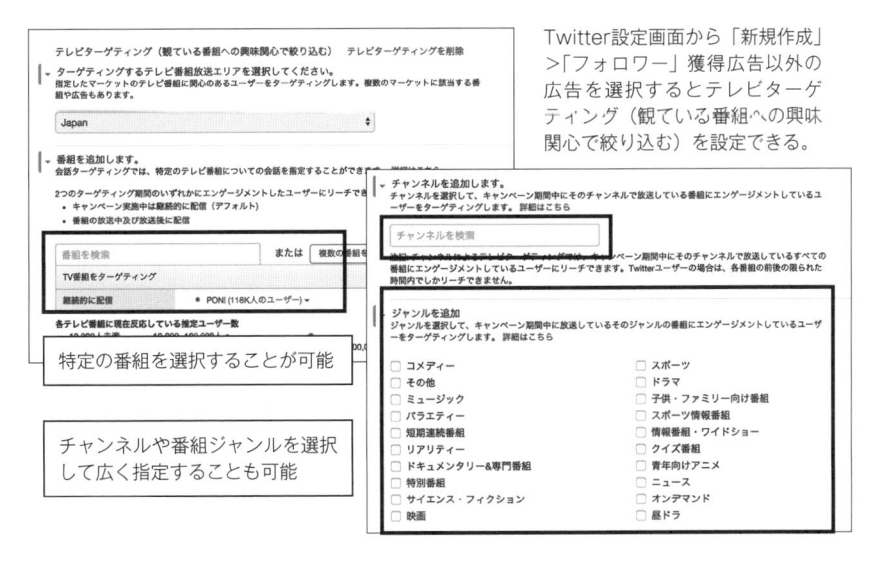

Twitter設定画面から「新規作成」>「フォロワー」獲得広告以外の広告を選択するとテレビターゲティング(観ている番組への興味関心で絞り込む)を設定できる。

83 Twitter広告を作る

1日4～5ツイートを時間をずらして投稿する。Webサイトカードも使用したい

SNSマーケティングで有名なGuy Kawasaki氏の実験によると、「同じツイートを繰り返し投稿してもクリック率はほぼ変わらず、逆に一度しかツイートしかなかった場合は75%トラフィックが下がる」ことがわかったそうです。

つまり、Twitter広告では、同じ内容でも文言を数パターン用意するなどして、時間帯をずらしてツイートすることが大事です。

ターゲットがアクティブな時間帯を把握するには、Twitter分析ツール「Followerwonk」や、予約投稿サービス「Buffer」などがあります。

ツイートには画像をつけて投稿しましょう。タイムラインには多くのツイートが流れてきますから、目を引くために画像はSNSでは必須です。

ツイート中に任意のWebサイトを表示してくれるウェブサイトカードもぜひ使用したいものの1つです。カードを使うと、ツイートの中で自社サイトのコンテンツを表示できるようになります。写真や動画などに、「Read more（もっと詳しく）」リンクを表示させ、ユーザーを任意のサイトに誘導します。

Twitterは一方的な発信ではなくコミュニケーションツールなので、ユーザーとの会話を心がけてください。自分からユーザーに質問するなどの働きかけも重要です。

ツイートは毎日するようにします。1日に4～5回が目安です。個人的なことを呟くのと違い、企業アカウントで呟くのはネタに困ることもあるので、社内の複数の人と手分けして担当すれば負担が減るでしょう。どうしてもツイート数が稼げないときは、とりあえず他ユーザーをリツイートするなどします。「今日はネタがないからパス」というのだけは避けてください。

Twitter広告をうまく機能させるポイント

●Twitterカードを使いこなす

Twitter広告では、カードと呼ばれる「140文字」のテキスト以外の動画や音声などの広告を表示することができる。これは画像やビデオを表示すると同時に「アプリのインストール」や「もっと読む」、「購入する」などコールトゥアクションボタンを表示することができるため、コンバージョンにつながりやすいことが特徴。

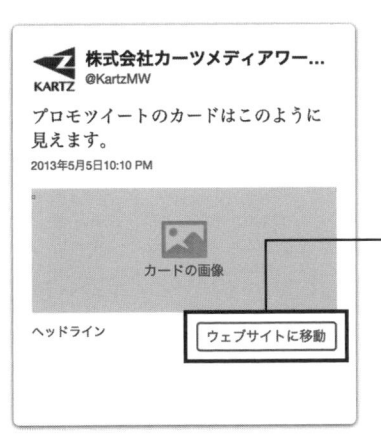

Twitter広告設定画面の上部メニューから「クリエイティブ」を選択し、リードジェネレーション、ウェブサイト、ベーシックアプリ、イメージアプリ、Video Appなどカードを選択する。このうち、ウェブサイトカードが最も多く利用する機会が多いもよう。

アクション誘導オプション

続きを読む、購入する、もっと見る、サイトを表示、予約する、詳細はこちら、再生する、予想する、寄付する、申し込む、お見積もり、事前予約する、チケットを予約、登録する、カードを探す、料金を見積もる、チケットを購入、ディーラーを探す、オンラインで注文する、事前予約する、スケジュールする、今すぐ登録、購読する、登録手続き・・・など多彩なCTAボタンを選択することができる。

●Twitter広告を成功させるアイデア

GoogleアドワーズやFacebook広告同様に運用型の広告は日々の検証が最も重要である。それに加えて、Twitterならではの特徴を活かすことが重要である。
たとえば、前項で紹介した「テレビ番組との連動」。広報活動を積極的に仕掛けることによりテレビで自社が取り上げられる日程は予め把握できるため、その日の番組にあわせてプロモツイートを出稿すれば効果は高くなる。
その他、よく使われるTwitterのキャンペーン手法は一通りしてみるといいだろう。

「ハッシュタグ」「@○○」（リプライ）を活用した「ツイート」キャンペーン

企業の機密情報漏えいに関連する誓約書や雇用契約書を用意し、懲戒やその他約定違反として処分することを文面で取り交わすこと。

「インフルエンサーの起用」

ステルスマーケティングのようにお金を支払って何かツイートしてもらうなど考えず、たとえば、Twitterで影響力があるインフルエンサーを起用したイベントや広告キャラクターの起用などによって、インフルエンサーマーケティングを実践してみる。

第5章　ペイドメディア戦略の基本と実践

84 Instagram広告を作る

Instagramはクリエイティブ勝負。若年層の女性ターゲットの企業と相性がいい

Instagramは世界で3億人、日本では810万人のアクティブユーザーがいます。Facebook、Twitterを上回る成長速度で伸びており、ユーザーの6割は毎日アクセスしています。男女比では女性が65％と大半を占め、年齢別では、18〜34歳の利用者が多くなっています。

こうしたユーザーの特徴から、Instagram広告はアパレルブランドやコスメブランドなど、ファッション性の高い企業との相性が良いといえます。ブランド認知にはもってこいでしょう。

Instagramの最大の特徴としては、写真・動画のビジュアルメインであることです。画像を通して共感するものがあれば、実際に会ったことがなくても積極的にフォローがされていきます。

ユーザーはインスピレーションやイメージ、発見を求めてプラットフォームに集まってきます。「美しい」「カッコいい」「ユニーク」「おしゃれ」「センスが良い」「素敵だ」「憧れる」といった気持ちにさせる画像が好まれる傾向にあります。ポイントとしては、広告色を出さないこと、そして、画像内のテキストは極力控えることです。Instagramは究極の"クリエイティブ勝負"なのです。

画像は正方形と長方形のフォーマットがありますが、主流は正方形です。ですから、撮影するときは、正方形で見て美しく見えるようにアングルなどを工夫します。また、Facebookと同じく「20％ルール」があります。

Instagramでは、ハッシュタグを利用する文化が定着しています。投稿画像に複数のハッシュタグをつけておくと、検索で引っかかりやすくなります。

Instagram広告のはじめ方

Instagramはまず、FacebookビジネスマネージャでInstagramアカウントとリンクさせることからスタートする

Facebookビジネスマネージャのトップ画面の「ビジネス設定」から「Instagramアカウント」をクリック

「新しいInstagramアカウントを取得」をクリックして「広告アカウント」を割り当てる

Facebook広告と同じ管理画面で、広告の種類、ターゲット（地域・年齢など）、予算など選択して広告をスタートすることができる

85 Instagram広告のメニュー

外部サイトへの誘導、動画再生の促進、アプリ購入の促進の目的別メニューがある

広告は、ユーザーのInstagramフィードに表示されます。

すべてのInstagram広告の右上には広告アイコンが表示され、画像の下にはCTAボタンが表示されます。テキストは画像とCTAボタンの下に表示されます。

広告のメニューとしては、次の種類があります。基本的にはFacebook広告のメニューと同じです。

①**Link Ad**…外部サイトに誘導するための広告

②**Carousel Ad**…複数画像から外部サイトへの誘導するための広告

③**Video Ad**…動画視聴を促すための広告

④**Mobile App Ad**…アプリのダウンロードを促進するための広告

Link AdやCarousel Adは画像をタップすることで外部遷移しますが、従来はタップすると直接リンク先に移動していました。これがいまは、画像をタップすると「ウェブサイトにアクセス」という表示が出て、さらにタップすると遷移する仕様に変更されています（アカウントによっては、以前の仕様のままの場合もあり）。

これまで「いいね！」を押そうとしただけなのに、外部に遷移してしまうことが多く発生していました。これはユーザーにとって煩わしいだけでなく、広告主にとってもデメリットになりがちでした。Link Adはクリック課金にすることが多いため、無駄にクリックされることで余計な広告料がかかっていたのです。ワンクッションおいてから遷移をする仕様になったことで、CPCの効率化が図れるようになりました。

Instagram広告の種類と特徴

Instagramは女性を中心に「ファッション・美容関連」に強いという特色がある。ビジュアル重視のソーシャルメディアなので「デザイナー」目線が必要だ。

Link Ad

外部サイトへの誘導が可能

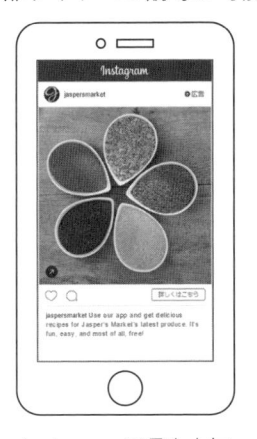

Instagramで最も人気
の外部誘導型広告

Carousel Ad（Link Ad）

複数画像&リンクから、
外部サイトへの誘導が可能

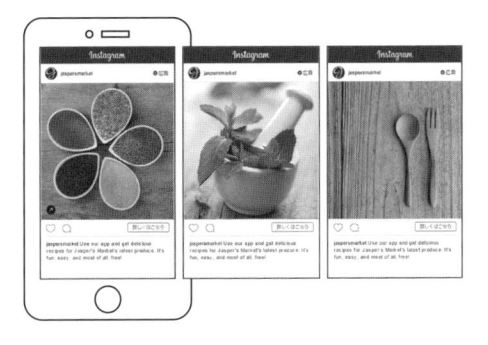

複数の画像を見せることで興味喚起を促し、
外部サイトへ誘導していく

Video Ad

動画の自動再生から
外部へ誘導できる。

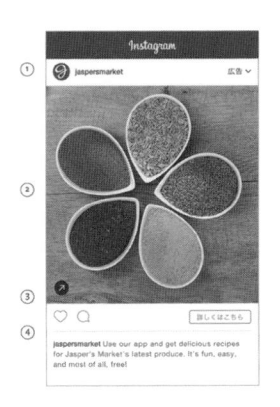

Mobile App Ad

直接アプリダウンロード画面へ
リンクすることができる。

①Instagramのハンドルネーム
ハンドルネームはTOPに表示される

②画像と動画
訴求力のある画像や動画でターゲット層のエ
ンゲージメントを促す

③コールトゥアクション(オプション)
クリックを促す、カスタマイズ可能なボタン

④テキスト
興味を引くテキストを表示

86 動画広告の重要性の高まり

動画プラットフォームが複数充実してきた。これからは動画広告が主流になっていく

動画は、広告宣伝において、高いパフォーマンスを発揮します。

テキストで「炊き立てのご飯」と書くよりも、湯気の上がるご飯を動画で見せたほうが「おいしそう」「食べたい」と思ってもらえます。

しかし、これまでは様々な面で条件が追いつかず、動画の普及に歯止めがかかっていました。それが最近クリアになり、誰でも簡単に動画をアップできるようになりました。

1つは、モバイル端末ユーザーが増加したことです。みんなが手軽にスマホで動画を見られるようになったのです。

2つめが、インターネット回線の高速化、大容量化です。これまで動画はデータが重すぎてロードに時間がかかりましたが、いまではストレスなく再生ができます。

3つめが、動画サービスの充実および動画コンテンツ市場の成熟です。動画サービスでは、YouTubeをはじめMixChannelやニコニコ動画などのサービスが人気です。また、FacebookやTwitter、InstagramなどのSNSや、あるテーマに関してニュースをまとめて知らせてくれるニュースアプリなどのキュレーションメディア（まとめサイト）でも、動画コンテンツに対応しています。

人々の動画との接触時間が増え、面白い動画はどんどんシェアしていくという文化もできました。この流れを受けて、広告業界も動画にシフトしてきています。今後はますます動画広告の重要性が高まっていくでしょう。

たとえば、ゲームやアニメなど、動画をよく見る若者世代をターゲットにした商品やサービスと、動画広告とは特に好相性です。

動画型広告プラットフォーム

YouTubeやFacebook、Twitterなどの動画回数を上げる広告の他にも、現在、日本では女子高生をはじめとする10代に人気の動画プラットフォームなどがある。
また動画をキュレーションするサイトなど、目的やターゲットに応じた動画広告が可能である。目的に応じて選択しよう。

●ソーシャルメディアプラットフォーム

大手ソーシャルメディアプラットフォームの「動画再生回数」を増加させる広告が最も一般的かつ人気。特にFacebook動画広告は「音無し」「自動再生」で注意を引きやすく急成長している。

●10代や女子高生に人気のアプリ

10秒限定の動画投稿サイト「MixChannel」は高校生を中心に広がり、LINE元代表の森川亮氏が立ち上げた縦型動画の元祖「C Channel」も女性を中心に人気を集めている。

●その他、キュレーションサイト（まとめサイト）系など

「クレイジー」「Grape」「Spotlight」「Whats」など話題の動画をキュレーションして紹介するメディアは「動画型」ネイティブ広告メニューがある。

また「Gunosy」や「SmartNews」といったスマホニュースキュレーションサービスも動画メニューが充実してきている。

その他、Yahoo! JAPAN プレミアムビジョンなど、Yahoo!内で表示されるビデオ広告ネットワークも人気。

87 YouTube広告の特徴と強み

動画サイトとして世界最大規模。動画広告を始めるならYouTubeは外せない

世界最大の動画プラットフォームYouTubeの広告には、「インストリーム広告」と「アウトストリーム広告」の2つがあります。

●インストリーム広告

YouTube動画の冒頭（プレロール）、または途中（ミッドロール）、もしくは最後（ポストロール）に流れます。インストリーム広告は2種類に分かれます。

①スキップ可能な動画広告（TrueView インストリーム広告）：最初に5秒間再生された後、広告をスキップするか見続けるかをユーザーが選択できます。最長60秒まで配信が可能です。広告を30秒以上もしくは最後まで見たときに広告料金が発生します。興味のある人にだけ見てもらえ、そのときだけ課金されるので、コスト効率は高いといえます。

②スキップ不可の動画広告：15秒動画広告は、パートナー動画の本編が始まる前に流れます。スキップ機能はないので、最後まで確実に視聴させることができます。

●アウトストリーム広告

アウトストリーム広告とは、ウェブメディア上の広告枠に配信される動画広告の総称です。広告をクリックしてYouTube上の動画へ遷移し、再生されると課金が発生します。FacebookやTwitterのタイムラインの間に挟み込まれるようにして表示されるインフィード広告もアウトストリーム広告の一種です。

配信するターゲティングは、トピックカテゴリーによって設定できます。スポーツ動画をよく視聴する人にスポーツグッズの広告を配信するなど、ユーザーの興味関心に基づくアプローチが可能です。

YouTube広告を試してみる

YouTube広告は、Googleアドワーズ画面から設定できる。以下がおおまかな3ステップとなる。

【Youtube広告をはじめるときの3ステップ】

①AdWordsのアカウントにアクセスし、キャンペーンタブで「＋キャンペーン」を押してオンライン動画を選ぶ。

②「キャンペーン名」「1日の予算」「どこに配信するか」「地域」「言語」「スケジュール」「広告のローテーション」「フリークエンシーキャップ」を設定する。

③インストリーム、インディスプレイ広告を設定したら単価を設定し、ターゲットを設定。「年齢」「性別」「子どもの有無（現在アメリカ、イギリス、カナダのみで利用可能）」「ユーザーの関心のあるトピック」「リマーケティング」「キーワード」「プレースメント」が選択できる。

88 リスティング広告の機能

自社の商品やサービスに対して、モチベーションの高いユーザーに接触することができる

リスティング広告とは、検索エンジンでユーザーがキーワード検索をしたときに、検索結果に連動して、検索結果画面の上下や右側などに表示される広告のことです。「検索連動型広告」とも呼ばれます。

ユーザーが検索したキーワードに応じて、適した広告が表示される仕組みになっているため、自社の商品やサービスに対して興味関心のあるユーザーに対して、接触することができます。また、そのキーワードで検索するユーザーのニーズを考察し、実施することで、効果を最大化させることができます。

リスティング広告が掲載される媒体は、主にYahoo!とGoogleですが、どちらもGoogleの検索エンジンプラットフォームを使用しています。

ユーザーが広告をクリックし、リンク先のWebサイトに遷移したときに費用が発生する「クリック課金型」を採用しています。また、広告料金の設定は入札形式で行われ、同じキーワードに対して複数の入札があった場合は、広告ランク（入札価格×広告品質）によって広告掲載順位が決まります。

リスティング広告を構成する要素は、商品サービスの魅力や特徴を端的に伝える「広告文」、より深く伝える「リンク先」、広告内容に適した「キーワード」の3つです。

まず、広告文は一般的にTDと呼ばれ、Tがタイトル、Dが説明文を意味します。タイトルは15文字まで、説明文は19文字×2行までで作成することができます。

リンク先は、ユーザーが広告文に興味をもってクリックした後に遷移する場所なので、広告文と関連した適正なページでなくてはなりません。シンプルですが奥が深い、それがリスティング広告の魅力です。

リスティング広告の実例

●広告掲載箇所

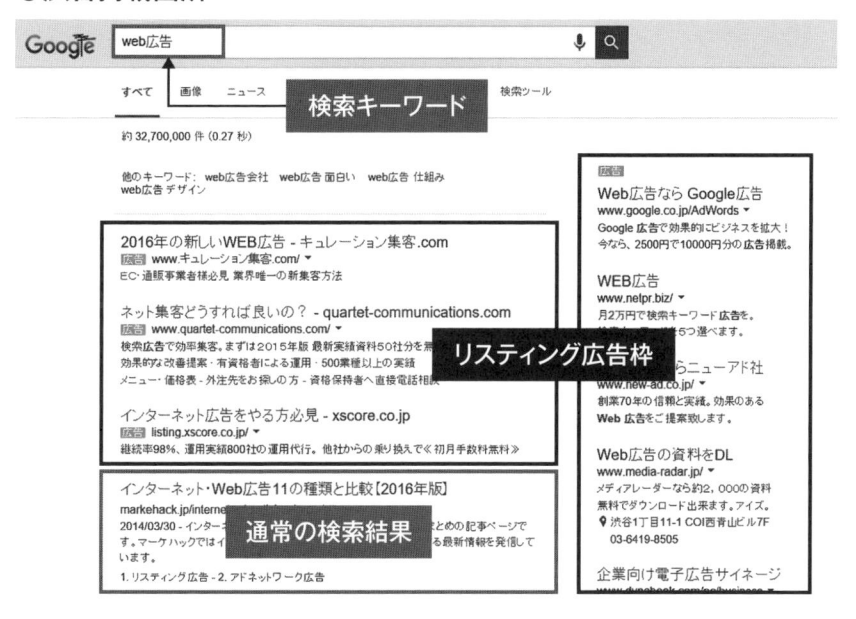

※2016年2月時点では検索画面右側に広告が表示されているが
PCとスマホでの検索体験を統一するために右側広告を排除する
方向で進んでいる。

●構成要素

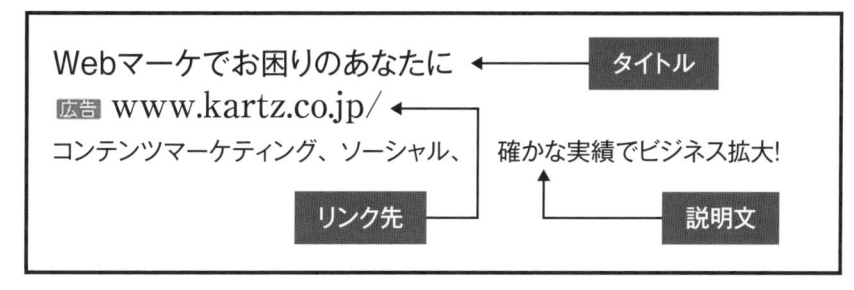

197

89 ランディングページの重要ポイント

ユーザーのアクションを促すランディングページの構成を工夫する

　ランディングページとは、Web広告やリンクをクリックして遷移した先にある、サイトを含むWebページ全般を指します。「LP」と呼ばれることもあります。一般的に、商品やサービスを売るための、1枚の長いWebページであることが多く、構成次第で成約率（コンバージョン率）が変わってきます。

　そのランディングページの要素は、大きく5つに分かれます。ファーストビュー、アクションボタン、商品・サービス説明、効果効能、お客様の声で、各要素は右図のような配置で構成されます。

　ファーストビューは、ユーザーがWebページにアクセスしたとき、最初に目に入る画面のことです。ユーザーはそのページが自分にとって必要かどうかを3秒以内に判断するといわれているため、ここにユーザーの求める情報を入れることが重要です。

　アクションボタンは、購入や資料請求など目的のアクションを促す場所に設置するボタンです。まずファーストビューに設置します。また、ページを読み進める中で商品理解が深まり、購入意欲が高まった人のために、途中や最後にも設置します。

　商品・サービス説明では、その商品の特徴をユーザーに訴求します。効果や効能を伝え、その商品がユーザーにどのような影響を与えるのかを提示し、徐々に商品理解を深めます。

　お客様の声では、すぐにアクションしないユーザーを第三者の「口コミ」で安心させる働きがあります。自分以外のユーザーが実際に使用した感想は、信憑性があればあるほどユーザーにプラスの印象を与えます。

　ランディングページを作成するときは、ユーザーのアクション（購入や資料請求）を助長するような構成を考えましょう。

ランディングページで重要なこと

●ファーストビューとチューニングに注力

ファーストビューでターゲットを引き寄せなければ、せっかくリスティング広告に誘導したにもかかわらず、先を見てもらえないことになる。

●ファーストビューで引き寄せるポイント

・キャッチコピーとキービジュアルに注力する
・メディアへの掲載情報などを集約した画像で「信頼感」を生み出す
・動画の自動再生などで注意を引きつける

●ページ構成

【ページ構成案】
アテンション
↓
商品紹介
↓
商品理解
・効能①～③
・裏付け
・口コミ
　（ユーザーの声）
↓
購入ボタン（EC誘導）

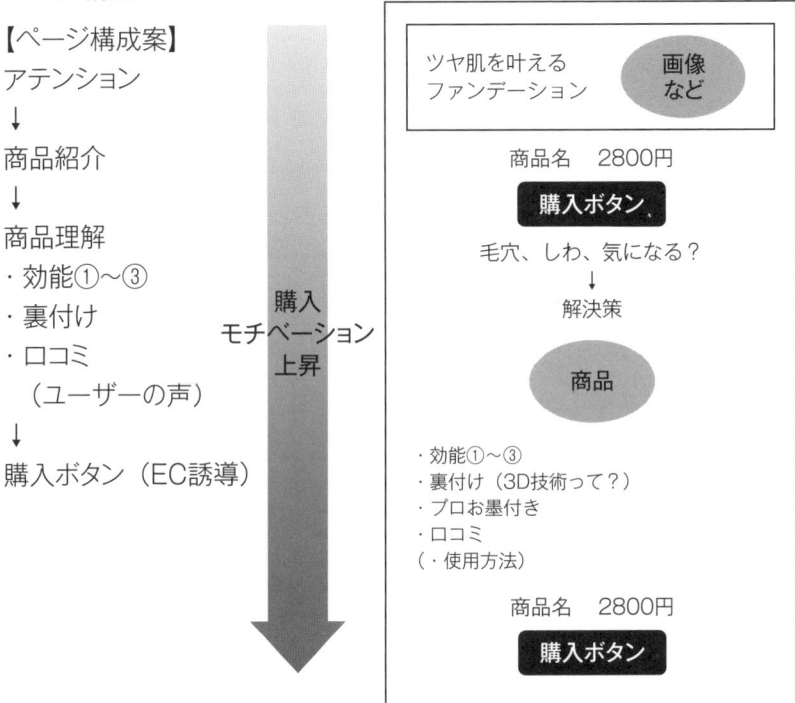

購入
モチベーション
上昇

ツヤ肌を叶える
ファンデーション

画像
など

商品名　2800円

購入ボタン

毛穴、しわ、気になる？
↓
解決策

商品

・効能①～③
・裏付け（3D技術って？）
・プロお墨付き
・口コミ
（・使用方法）

商品名　2800円

購入ボタン

90 ディスプレイ広告ネットワークの用途

数十万のWebサイトに一括で広告を配信できるので、認知を広めるのに適している

ディスプレイ広告とは、媒体と提携するWebサイトの広告エリアに表示される広告です。リスティング広告との違いは、検索エンジンでの検索結果ではなく、閲覧中のページに表示される点です。

ディスプレイ広告ネットワークとは、それらの広告媒体であるWebサイトを多数集めて形成された、広告配信のためのネットワークのことです。あるいは、多数のWebサイト上で配信する広告手法を指して言うこともあります。「ディスプレイアドネットワーク」や「アドネットワーク広告」とも呼ばれます。

広告事業者は、Yahoo!やGoogleなどの企業が中心になってネットワークしている数十万のWebサイトに一括で広告を配信することができます。一括配信以外にも、広告配信先のWebサイトをカテゴリ別に分類して配信を行ったり、閲覧ユーザーの層を絞ったターゲット広告や、配信時間の指定などが行えるサービスもあります。

主なディスプレイ広告ネットワークは、Yahoo!が提供する「Yahoo!ディスプレイアドネットワーク（YDN）」と、Googleが提供する「Googleディスプレイネットワーク（GDN）」があります。

配信方式は、サイトへの露出数によってカウントするインプレッション型と、広告がクリックされた回数によってカウントするクリック課金型が主流です。

広告実施の目的が、商品の購入より、認知やブランディングであれば、様々なWebサイトに画像やテキストで広告が掲載されるディスプレイ広告ネットワークの利用が適しています。まだ自社の商品サービスを知らないユーザーや、能動的に検索を行っていないユーザーにもアテンションを与える最適な広告といえるでしょう。

ディスプレイ広告ネットワークとは何か

ディスプレイ広告ネットワーク（アドネットワーク）とは簡単にいえば複数のWebメディアに自動的に広告が配信される仕組みのこと。
2000年あたりまでメディアはバナー広告枠を売るいわゆる「純広」が主流であった。しかし、枠がすべて売れるとは限らない。そこで2008年あたりから、Webメディアにコードを貼れば広告が自動的に掲載される仕組みが構築された。

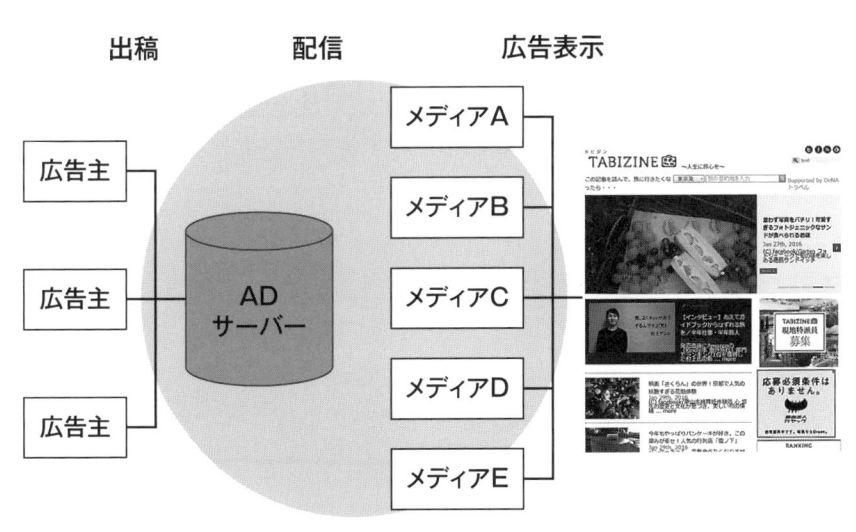

広告を出したい複数の広告主の広告データがADサーバーで管理・配信される。

配信された広告は、コードを貼ったメディアに掲載され、クリックされたらメディア側と仲介者（アドネットワーク業者）に課金される。

様々な広告フォーマットに対応している

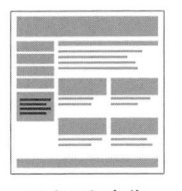

テキスト広告

イメージ広告
（バナー広告）

動画広告

モバイル
サイト上の広告

91 リターゲティング広告の仕組みと効果

ユーザーの動向を追跡し、「見込み客」としてリターゲティングする

　あちこちのWebサイトを見ていて、さっきとは全然別のページを見ているにもかかわらず、同じ広告が表示されることがあります。これがリターゲティング広告です。

　リターゲティング広告とは、一度Webサイトを訪問したことがあるユーザーを「見込み客」と見なして、その後の行動を追跡し、他のサイトの広告枠上でも、広告を表示させる広告手法です。遷移先のサイトでも広告を表示することで、再度サイト訪問を促すのが狙いです。「**リマーケティング広告**」と呼ばれることもあります。

　リターゲティング広告は、主にCookieと呼ばれる機能を利用しています。ユーザー情報をパソコンに一時的に記録したり参照したりするもので、これによってユーザーとその行動履歴を追跡します。また、「追いかける期間」や「追いかける人」などの細かい設定も可能です。

　広告を掲載するには、ユーザーが閲覧するWebページに、リターゲティング広告のアドネットワークの掲載枠が導入されている必要があります。逆に言えば、掲載枠があれば、どのWebサイトであるかを問わずに掲載させることができます。

　配信方式は、CPM（インプレッション保証型）と、CPC（クリック保証型）の両方があります。

　また、一般的にリターゲティング広告は、コンバージョン単価が安くなることで有名です。一度Webサイトに訪問している人だけに再度訴求するわけですから、興味関心をもっている可能性が高く、当然コンバージョン率も上がります。

　主なリターゲティング広告の例としては、MicroAdやcriteo、Googleリマーケティング広告などがあります。

リターゲティング広告とは何か

リターゲティング（Googleではリマーケティングと呼ぶ）とは、一度訪問したサイトの広告が、色々なWebサイトへ遷移しても表示される、という仕組みのこと。

リターゲティングコードを貼ったサイトへ訪問すると・・・

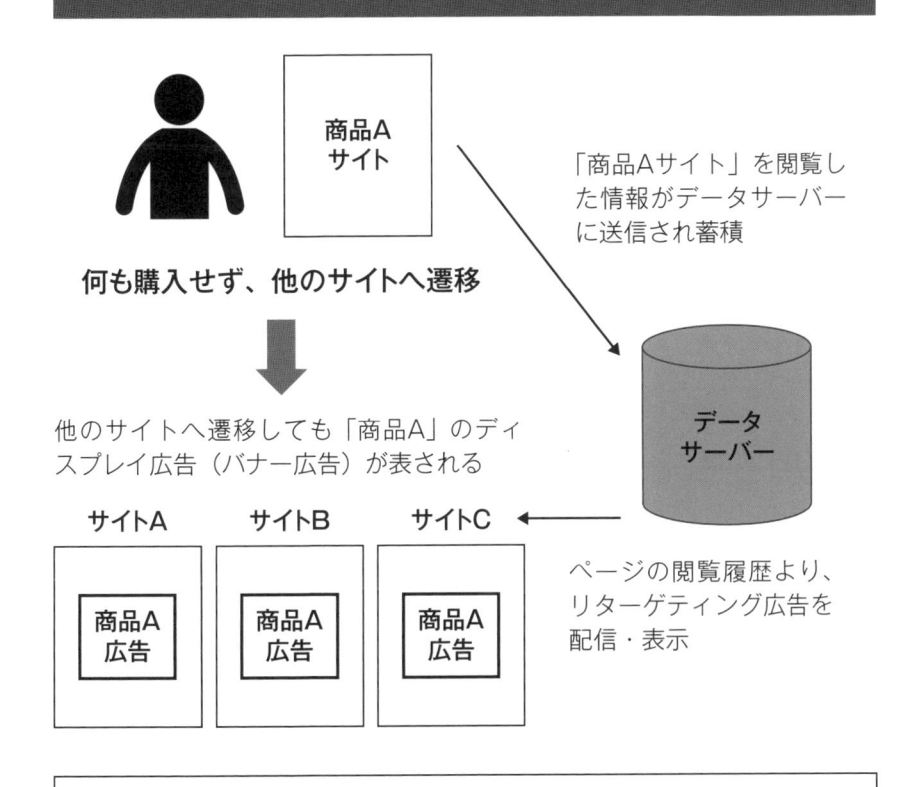

商品A
サイト

「商品Aサイト」を閲覧した情報がデータサーバーに送信され蓄積

何も購入せず、他のサイトへ遷移

他のサイトへ遷移しても「商品A」のディスプレイ広告（バナー広告）が表される

データ
サーバー

サイトA　サイトB　サイトC

商品A
広告

商品A
広告

商品A
広告

ページの閲覧履歴より、リターゲティング広告を配信・表示

●リターゲティング広告の「リスト」という仕組み
リターゲティングにはその他に「リスト」という仕組みがある。リストとはリターゲティングの対象となったユーザの一覧のことで、「トップページを見たユーザー」「問い合わせページまで訪問したけど購入に至らなかった」というリストも作成することができる。それらを組み合わせて、「トップページ」を見た人にだけ広告を配信するなど、最適にコントロールしていく。

92 ネイティブ広告によるリーチ

ユーザーに不快感なく読んでもらえる「広告に見えない広告」がWebで主流となっている

掲載先のデザイン・体裁などを踏襲し、メディアやプラットフォームに自然に溶け込ませるようにした広告のことを「ネイティブ広告」と言います。

現在では"広告らしい広告"はユーザーに敬遠されてしまうため、ネイティブ広告のような〝広告に見えない広告〟が主流になってきているのです。

ネイティブ広告の効果としては、主に3つあります。

1つは、全体に溶け込ませることで、ユーザーに無視されにくく、コンテンツの一部として見てもらうことができます。

2つめは、ユーザーに不快感なく有益な情報を届けることで、既存のバナー広告に反応しないユーザーにリーチができます。

3つめは、掲載先のメディアやプラットフォームのファンに親近感をもってもらい、広告効果を高めることができます。

ネイティブ広告というのは概念であり、それを実現するためのフォーマットには様々な種類があります。

FacebookやTwitterなどのSNSやキュレーションメディア、ニュースアプリなどでよく利用されているのが「インフィード広告」です。Webサイトやアプリのコンテンツとコンテンツの間に表示される広告です。

前項で説明したリスティング広告も、「検索連動型」といわれるネイティブ広告の1つです。

他にも「レコメンドウィジェット型」「プロモートリスティング型」「インドア型（IABスタンダード）」「カスタム型」などがあります。

ネイティブ広告として成立させるためには、右図の4つのポイントを押さえる必要があります。

ネイティブ広告のチェックポイント

広告掲載面に広告を自然に溶け込ませることで、"ユーザーにコンテンツの一部として見てもらう"ことを目的とした広告が「ネイティブ広告」だが、記事広告と混同されることが多い。

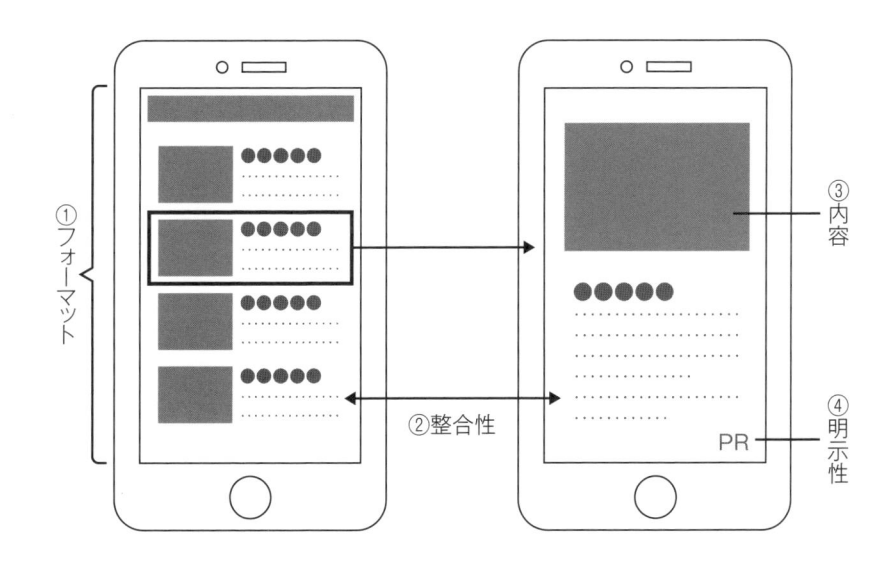

①フォーマット

掲載されるメディアに自然に溶け込み、自然なデザインになっているか？

②整合性

広告のメッセージと、遷移先のコンテンツの内容が一致しているか？

③内容

広告主の一方的なコミュニケーションではなく、ユーザーに役立つ情報を通じて、ブランドメッセージを届けているか？

④明示性

「広告」や「PR」等、ユーザーにペイドメディアであることがわかる表記がきちんとされているか？

93 ペイドメディアの効果測定

ペイドメディアの可否は分析で決まる。どんな数字を見るべきなのかを把握して改善につなげる

　Webマーケティングでは、効果測定がすべてが数値化できる点に特徴があります。このことにより、PDCAが検証しやすくなっています。

　その効果指標は、CPC、CPA、CPE、CVR、インプレッション、フリークエンシーなどいくつかがあり、マーケティング目的を明確にして、他社の動向にあまり惑わされず、自社なりの評価指標を整えておくことが重要になります。

　上記にあげた指標はどれもが客観的に効果測定ができるという意味で重要指標となりますが、とりわけ、CPAは最重要です。

> CPA（Cost Per Acquisition、Cost Per Action、Cost Per Engagementも含む）：顧客獲得もしくは見込客獲得1人あたりのコスト。Facebook広告であれば「ページlike獲得単価」「投稿記事（ポスト）like」獲得単価。「インストール獲得単価」など。

　CPAで、購買・資料請求など目的達成の総数とそれに投じた費用は把握しましょう。そして基本は顧客獲得単価を低くしていくことを目的に運用するように心がけることです。よくCPC（Cost Per Click＝クリック単価）とCTR（Click Through Rate＝クリック率）も効果測定指標として推奨されますが、クリック単価とクリック率でわかるのは広告の精度であり、利益貢献につながらないケースも多々あります。

　ブランディングを目的とした広告、顧客獲得や誘導を目的とした広告、動画視聴を促す広告などそれぞれの指標はありますが、まずはCPAを改善することに専念することが最優先です。

ソーシャルノイズ（ソーシャルメディア上の様々な評判・意見）はすべての
マーケティング施策と紐づいていく。ノイズは決してポジティブなものばかり
ではないが、たとえネガティブなものが出てきても「対応」することができ
きるのがソーシャルメディアの利点だ。

知っておくべき指標	把握する数値データ

ROI（投資対効果）

・投下した広告予算
・その広告からの売上げ
・経費（費用）

（10,000円-5000円）÷1000円（広告費）×100%=500%

CVR（成約率）

・訪問者数（PVもしくはUU）
・成約件数

4（件）÷150（UU）×100%=2.67%（CVR）

CPA（獲得単価）

・投下した広告予算
・成約件数

10000円（広告予算）÷ 100（件）＝100円（CPA）

ブランディング効果の測定

インターネット広告は「成約」に目が行きがちであるが、動画やディスプレ
イ広告を見ることにより記憶され、認知が深まり、ある程度の時間を経てか
ら購入というケースもある。広告認知度や好意度、ブランド認知度やブラン
ド好意度などをアンケート調査で導き出すこともある。

第5章

ペイドメディア戦略の基本と実践

ペイドメディアのチェックポイント

☐ デジタル広告はすべてが運用型であり、PDCAを基本として日々改善していくことを念頭においているか？

☐ 広告からリンクするWebサイト、ランディングページを用意しているか？

☐ 対象となるWebサイトやランディングページも常に改善を心がけているか？

☐ CPA（成果単価）、CPC（1クリックあたりの広告コスト）、CVR（成約率）など基本的な広告効果測定指標を理解しているか？

☐ Googleアドワーズ（PULL型）とFacebook広告（PUSH型）の機能およびアプローチ方法の違いについて理解しているか？

☐ Facebook広告、Twitter広告、YouTube広告、Instagram広告の種類を把握し、状況に応じて使い分けることを理解しているか？

☐ ネイティブ広告を上手に活用し、注意喚起および記憶を促すことを目的としたコンテンツ型の広告を検討しているか？

☐ 広告を出すことではなく、適切に運用することを意識しているか？

☐ レスポンス率、投資対効果（ROI）を意識しているか？

☐ 広報戦略と連動させ、記事や番組での露出タイミングに合わせたGoogleアドワーズやソーシャルメディア広告を出稿してみる。

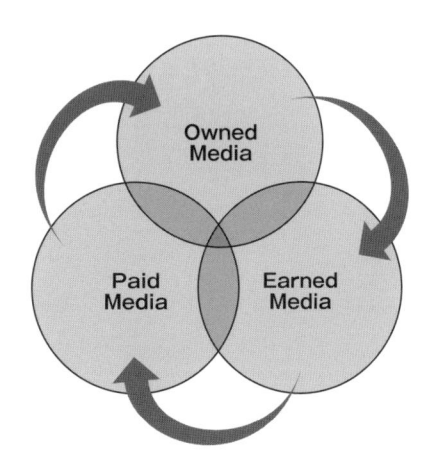

おわりに

　いま、IT、デジタル領域は新たな世界に突入しようとしています。それは「機械学習」「人工知能」「IoT」「ロボット」といった未知なる分野です。もしかしたら、発達した人工知能のおかげで、広告文を考えなくても、グラフィックを考えなくても、ターゲティングを考えなくても、プレスリリースを作らなくても、すべてが自動的に最適化されるかもしれません。そうなればマーケターとしては寂しいかぎりですが、時代に適した新たな職業が必ず生まれてきます。

　振り返れば、これまでの時代もそうでした。いまや電話の交換台の線をつなぐ職業はありませんが、電話はつながります。新たな技術が産業を生み出し、産業が新たな職業を生み出し、職業があらゆる富を産み、社会が循環してきたのです。

　少し大げさに表現してみましたが、そう考えれば、おそらく20年後もWebマーケティング自体は存在しうるでしょう。「顧客を創造する」行為、つまりマーケティングそのものはなくなるものではないからです。本書では、コンテンツマーケティングやソーシャルメディアマーケティング、デジタルPRなど一見、Web領域の「最新のことばかり」のようですがそうではありません。

　人の根幹とは何か、行動原則は何かを念頭に置きながら、普遍的な要素を多く交えたつもりです。

　たとえば、本書でおそらくはじめて紹介するであろう「メディアインバウンド戦略」という考え方。これは、メディア従事者たちがどのようなモチベーションで、どのようなネタ探しをしているのかを研究して生み出したソリューションです。

　このようにマーケティング課題の最適解を見つけるには「ターゲットとなる人の動きを観察し続ける」ことが最も近道であり、正しい行為だと信じています。「マーケティング」は「人そのもの」なのです。

　我々、カーツメディアワークスはテレビに強い広報サービスを提供す

るPR会社という立ち位置からスタートしましたが、顧客からのニーズにお応えしていくマーケットインの考え方と、この先の近未来のマーケティング市場を見据えて、「デジタルコンテンツ領域」そして「アーンドメディア領域」をテーマにしてサービスを拡充してきました。

我々が見据えている「デジタルコンテンツ領域」と「アーンドメディア領域」の基本的な考え方は「良いコンテンツを生み出し、それを広げていく」というシンプルなものです。それはテクノロジーがどれだけ進化しても、「コンテンツを消費する」立場のユーザーが存在するかぎり、普遍的なビジネスです。

最後になりましたが、本書を仕上げるために力を注いでくれた弊社の素晴らしいメンバーである阿部、澤田、神保、所、浪に感謝の意を述べたいと思います。

本書が少しでも皆様のマーケティング知識を深めるきっかけになれば幸いでございます。

平成28年4月

著者を代表して　村上 崇

●著者

株式会社カーツメディアワークス

広報戦略を起点としたコンテンツマーケティング、インフォグラフィック、ソーシャルメディアマーケティングなどに強みを持つPR会社。「情報を生み出し、広げる」というシンプルなPRソリューションサービスを提供しており、IT関連企業を中心にグローバル企業、観光局まで幅広いクライアントのアーンドメディア領域を担当している。

●執筆

村上 崇（Takashi Murakami）

㈱カーツメディアワークス代表取締役。国立津山高専電子制御科にてロボット工学を専攻。報道番組のディレクターとして数々の事件、政治、トレンド情報などのリサーチから取材、リポート、編集まで幅広く手がけ、情報収集と情報発信の礎を築く。その後、PRコンサルティングファームにてIT、Web、東証一部上場企業、グローバルブランドグループ企業、官庁など幅広い業種のPR&マーケティングコンサルティングを手がけて独立。戦略PRおよびコンテンツマーケティングを中心とした株式会社カーツメディアワークスを設立。

阿部 真希（Maki Abe）

㈱カーツメディアワークス　ソーシャルメディアマーケティング事業部部長。出版・編集業務・映像制作を経て、カーツメディアワークスの編集責任者として合流。コンテンツマーケティング、PRと横断的に経験を積み、現在ソーシャルメディアマーケティング責任者。

神保 公亮（Kousuke Jinbo）

㈱カーツメディアワークス　コンテンツマーケティング事業部部長。番組制作、Eコマースメディア編集長を経験し、カーツへ合流。海外発信および大手クライアントのコンテンツマーケティングを統括。

澤田 知之（Tomoyuki Sawada）

㈱カーツメディアワークス　PR事業部部長。国内・海外クライアントのPR/広報戦略を担当。イベントや記者会見、デジタルPRなどを得意としている。

所 綾芽（Ayame Tokoro）

㈱カーツメディアワークス　ソーシャルメディアマーケティング事業部チーフディレクター。大手インターネット広告代理店にてソーシャルメディアマーケティング、メディア運営を経験。カーツメディアワークスではソーシャルメディアマーケティングを担当している。

あたらしい Web マーケティングハンドブック

2016年4月30日　初版第1刷発行
2017年4月10日　　第2刷発行

著　者——株式会社カーツメディアワークス
発行者——長谷川隆
発行所——日本能率協会マネジメントセンター
〒103-6009　東京都中央区日本橋2-7-1 東京日本橋タワー
TEL 03（6362）4339（編集）／ 03（6362）4558（販売）
FAX 03（3272）8128（編集）／ 03（3272）8127（販売）
http://www.jmam.co.jp/

装丁————————平塚兼右（PiDEZA Inc）
印刷所————————広研印刷株式会社
本文 DTP————————木内 豊
製本所————————株式会社三森製本所

本書の内容の一部または全部を無断で複写複製（コピー）することは、法律で求められた場合を除き、著作者および出版者の権利の侵害となりますので、あらかじめ小社あて許諾を求めてください。

ISBN 978-4-8207-4976-9 C2034
落丁・乱丁はおとりかえします。
PRINTED IN JAPAN

KPI で必ず成果を出す
目標達成の技術

大工舎宏・井田智絵 著

KPI マネジメントの導入・活用を数多く支援しているコンサルタントが、その経験に裏づけされた「原理原則」「基本手順」「実践上の重要ポイント」を整理。現場の日々の活動に活用するために「成果を上げ続けるため」の視点で解説。永続的に成長を続ける事業活動のために、いかに組織内に KPI を根づかせ、PDCA によって回していくかを図表を多用して、わかりやすく紹介。初めての人にもわかる現場のための実践書。

A5 判 192 ページ

日本能率協会マネジメントセンター